墨香财经学术文库

"十二五"辽宁省重点图书出版规划项目

U0656648

The Mechanism Design and

Reform Logic of Land Marketization under the
Process of Urbanization in China

中国城市化背景下土地市场化
机制设计与改革逻辑

熊金武 ◎ 著

东北财经大学出版社
Dongbei University of Finance & Economics Press

大连

ⓒ 熊金武 2015

图书在版编目（CIP）数据

中国城市化背景下土地市场化机制设计与改革逻辑 / 熊金武著. 一大连：
东北财经大学出版社，2015.9
（墨香财经学术文库）
ISBN 978-7-5654-1989-8

Ⅰ. 中… Ⅱ. 熊… Ⅲ. 土地市场-研究-中国 Ⅳ. F321.1

中国版本图书馆CIP数据核字〔2015〕第139361号

东北财经大学出版社出版发行

大连市黑石礁尖山街217号 邮政编码 116025

教学支持：（0411）84710309
营 销 部：（0411）84710711
总 编 室：（0411）84710523
网 址：http．//www．dufop．cn
读者信箱：dufep @ dufe．edu．cn
大连图腾彩色印刷有限公司印刷

幅面尺寸：170mm×240mm 字数：184千字 印张：13 插页：1
2015年9月第1版 2015年9月第1次印刷
责任编辑：蔡 丽 责任校对：王 娟
封面设计：冀贵收 版式设计：钟福建
定价：38.00元

作者简介

熊金武

中国政法大学商学院教师，上海财经大学经济学博士，清华大学理论经济学博士后出站，美国三一学院访问学者。主要从事经济史学研究，尤其在有关城市化和土地制度问题等领域进行了长期的探索。在《中国经济史研究》、《学术月刊》、Modern China Studies、Frontiers of Economics in China 等期刊发表学术论文 40 余篇。先后主持教育部人文社会科学研究青年基金项目和博士后科学基金项目各一项，参与多项国家与省部级课题研究。

序

中国荣登经济实体世界第二的过程，也是进一步改革计划经济体制的过程。这一过程因比较渐进、平稳，为偏好帕累托改进的经济学家所钟情。然而，这种渐进的改革过程的最大潜在危险是逐渐丧失改革的目标和动力。正像本书作者熊金武指出的："每一种制度都有其效率边界。对于摸着石头过河的中国土地制度改革而言，20世纪70年代末和80年代初建立的土地制度只不过是河中间的一块石头，具有一定的过渡性，仍然需要继续深化改革和创新。"中国虽然在这段时期建立了产品市场，但是由于存在重重制度性障碍，三大要素市场一直没有发育健全。其中，又以土地市场的发育所面临的制度性阻力最为巨大。市面上已有不少讨论如何改革现行土地制度弊端的书籍，熊金武这本题为《中国城市化背景下土地市场化机制设计与改革逻辑》的新作因以下原因而特别值得向读者推荐：

这本书内容丰富，涉及的都是现今土地制度面临的前沿问题。其最大特点是作者基于理论自信和理论创新，以犀利的眼光审视30多年来中国在城市化背景下日益遇到的地权困境。本来陈旧而拥挤的中国城市经过30多年的努力，现在从整体市容来说确实焕然一新，城市的建成区面积越来越大，街道和建筑越来越漂亮，城市的基础设施越来越现代化。这是十分值得骄傲的。但是，不能回避的另一面是，大大扩张后的城市却容不下农民工，更不要说他们的家属和子女。这就背离了城市化所要实现的真正目标。中国式的"城市化"有超级强大的化地能力，却离城市化的定义渐行渐远，走上了排斥农村人口的所谓城市自我现代化的道路。城市取得高度繁荣的同时，不是瓦解而是固化了城乡二元结构；不是缩小而是扩大了城乡收入差。在排斥外来农民工的同时，又基于对城市用地的饥渴，郊区农民不断丧失自己的土地，并不断"被非自愿地城市化"。这是中国城市化过程中出现的十分醒目而令人难堪的中国特色。

熊金武不但直面上述这些不少人选择回避或掩盖的严峻问题，又从理论上找出这些问题之所以发生的制度根源。阅读本书的读者会发现，作者以平易近人的语言、严谨的数学推导，以及大量的实证数据表明，人民公社时期的土地制度如何在20世纪80年代之前阻碍了中国农业生产力的迅速提高，而在最近的30多年中又导致"三农"问题成为挥之不去的老大难问题，城市化则陷入"化地不化人"的严重扭曲。这本书的深度不但反映了熊金武在崎岖的学术山路上所攀登的高度，也折射出他的心路历程，使我们仿佛目睹了他如何从山区的一个农家子弟成长为一个对民族前途怀有深深的责任感并有极大的理论勇气的严肃学者。想到这些，我不禁感慨万千，为他的修成正果而由衷高兴。

一段时期来，中国教育部为一些博士生和青年老师提供到国外大学短期访问的基本生活费，使很多本来不易出国的学生和老师有机会到海外进行学术交流。这项措施作为一项善举，我想会载入史册。作为教育部这项措施的一个正面成果，便是这本书的面世。我也是教育部这项措施的受益人。在了解这项措施后，我有意识地邀请出身农村的国内博士生到我所在的美国康州三一学院作访问，因为在学术研究上和他们有更多的共同语言。希望到我这里作访问的人很多，我告诫他们，教育部提供的费用固然使他们不必再像20世纪80年代的自费留学生那样，非要打工才能生存，但要取得真经，仍必须克服众多困难，毕竟他们将生活和学习于一个语言、文化和种族都十分不同的环境之中。有的学生听了我的话，便打了退堂鼓。熊金武却是其中铁了心愿意跟随我到美国的一位。

　　和他的相识要追溯到2009年。由于被上海财经大学任命为特聘教授，每年春暖花开的季节，我都去那里授课和组织学术会议，并认识了很多学生。在和他们的交谈和聚餐中，我感到这些学生意气风发，充满青春活力，对世界万事万物有无限好奇心，思想活跃，学习勤奋，为人正派，追求社会正义。而其中尤以一位来自重庆周边山区的年轻人对"三农"问题，特别是中国的土地制度问题最有兴趣，也最有定性。他就是本书的作者熊金武。2009年春，他受学校委派，担任我的助教，我们有了更多的接触。交谈中我很快发现他十分关注中国土地制度的各种弊端。虽然当时的他对"三农"问题的认识主要基于对自幼熟悉的农村环境的感性认识，但从本书看出，经过上海财经大学的严格训练、到美国康州三一学院作一年的访问，其后又到清华大学作博士后的深造，熊金武对现行土地制度的研究已经水到渠成、驾轻就熟。

　　值得高兴的是，本书的出版正逢其时。中国共产党十八届三中全会通过的决定已确立了今后改革的主要方向是让要素市场在资源配置中起决定性的作用。这意味着作为三大要素之一的土地，其配置也将由土地市场起决定性的作用。现行的土地制度充满种种弊端，其最大的弊端是几乎扼杀了土地市场发育的所有空间。只要我们不是叶公好龙，而是真诚希望土地市场顺利发育，进而在土地配置中起决定性的作用，那么我们就要接受以下事实，即市场配置就是价格配置，而价格的形成一定不能再由政府垄断，而必须来自市场上的自由交易。所以，只要接受由市场决定性地配置土地，就意味着必须允许绝大部分土地的可交易性，不管土地是国有、集体所有甚至是私人所有的。在市场面前，所有的土地都应是平等的，并随价格波动而能自由流动，由价低的用途流向价高的用途。唯此，才能实现土地要素的整体价值的极大化。

　　政府的主要责任不在直接配置土地，而在对所有土地一视同仁地实施规划和管制，以减少它们的负外部性，并保证公共用地的供给。先验地给予国有土地以特权，歧视其他所有制的土地平等入市的权利，是违反市场经济的内在要求的。所以，中国国境之内的所有的土地最终实现在市场面前的平等入市权，并由市场通过自由交易进行定价和配置，应该是土地制度改革时必须遵循的基本原则，否则真正的土地市场一定无法形成，而由市场决定性地配置土地的目标也一定遥不可及。任重而道远，现行土地制度的改革仍面临种种制度障碍和理念困惑。所幸的是，中国共产党十八届三中全会的决议已指明改革的方向。秉着这一来之不易的共识，我相信本书的及时出版一定会激发各界对现行土地制度的各种弊端的进一步理论探索，以推动对这一制度的彻底改革。

文贯中

上海财经大学高等研究院特聘教授
上海财经大学高等研究院农业与城乡协调发展研究中心主任
美国康州三一学院经济系教授
2015年6月2日于纽约森林小丘远思斋

前言

　　土地不仅是人类最基本的生产要素，更是中国人口中占大多数的农民的命根子。土地制度是人类社会经济生活的基本制度，在中国历代社会变迁中发挥基础性的作用。所以，土地制度改革必然是牵一发而动全身的。2013年《中共中央关于全面深化改革若干重大问题的决定》和2014年《关于引导农村土地经营权有序流转发展农业适度规模经营的意见》的出台标志着中国土地市场化改革再出发。土地制度市场化改革是全面深化改革时期"市场在资源配置中起决定性作用"的重要突破口。鉴于改革方向已经确定，中国土地市场化改革道路怎么走呢？对于土地市场化改革依然存在各种争论，事实上阻碍了改革的开展，甚至可能将改革引入歧途。为了迎接和更好地开展这场改革，有必要抓住三个方面：

　　第一，城市化。当前中国土地制度环境与传统中国有很大的差异，其核心就是城市化。城市化已经影响了中国大多数家庭，更与土地制度变革息息相关。新型城镇化已经是中国政府最重要的经济政策之一，那么土地制度改革有必要适应城市化的发展。回顾中国30多年来的城镇化道路，可以发现"土地城市化快于人口城市化"的倾向。这种政府主导型的城镇化主要依托于非市场化的土地制度和户籍制度。2014年7月

《国务院关于进一步推进户籍制度改革的意见》将户籍制度改革推进了一大步，土地制度市场化改革就成为当务之急。土地制度不改革，城市化就必然继续扭曲。其集中体现为失地农民陷入了被城市化的困境，更面临城市贫民化、养老等问题。新型城镇化必然是市场导向的城镇化，呼唤土地制度的市场化。中国城市化经验与教训的回顾有助于了解土地制度市场化改革的必要性。

第二，机制设计。土地市场化不是一场暴风骤雨的革命，而是精心设计和论证的改革。市场设计理论代表的现代经济学可以用于分析土地改革的绩效和机制安排。"钉子户"、土地征收补偿、农地城市化、城市土地流转等都是城市化下土地制度的核心内容。运用现代经济学的基本框架，解析城市化下土地制度的机制，进而从市场化的角度予以再设计，不仅可以厘清过去的土地制度问题，而且为市场化改革予以学理上的论证。土地市场化要求产权多元性、稳定性和交易形式多样性；要求居民、企业和地方政府三个不同主体同等地在竞争的市场中充分发挥各自的作用；要求正确处理好"贫民窟"、地方政府与市场关系、改革与法治关系等。城市化下的土地市场化改革是有理论依据的，机制设计将是重中之重，需要进一步深化。

第三，历史经验与反思。土地市场化改革不仅需要借鉴历史经验，还需要回归历史本质，解放思想，扫清错误历史观念形成的改革思想障碍。对于有千年农业文明的中国，土地是中国经济思想和中国文化中最核心的部分。中国传统社会的土地市场非常成熟，土地制度改革的历史经验也相当丰富。中国传统土地制度思想是人类宝贵的知识财富。近代以来中国也在城市化下的土地制度方面进行了探索，取得了难得的本土经验——"老浦西"经验、深圳经验和浦东经验。同时，值得注意的是，当前对土地制度还有各种争论，甚至有很多错误的观念，有必要解放思想,实事求是，破解土地市场化改革的思想困境，集中厘清历史上"涨价归公"思想和"耕者有其田"思想的演变和本义。另外，土地制度改革也需要讲究改革策略与改革精神，依然可以从中国改革开放中吸取历史经验。对于中国土地制度改革而言，历史是很好的老师。

总之，鉴于土地制度是中国从农业文明走向城市文明最重要的制度安排，从城镇化视角分析，土地市场化改革势在必行。中国城市化道路必须选择一条能够吸收大量农村人口、土地集约使用的道路，其所依赖的制度安排是依据中国共产党十八届三中全会决定中提出的市场机制，即建设一条以市场为导向的新型城镇化道路。以市场为导向的城镇化必然要求进行土地改革，让土地要素由市场配置。这要求从城市化本义出发寻找城市化扭曲性，寻找土地制度在城市化道路探索中的基础性作用；借鉴历史经验，寻求改革策略，解放思想，巩固土地市场化改革的思想信念；有效的市场机制设计，实现制度创新，最终构建符合中国国情和城市化要求的土地制度。

▌目录

第一章　导言

第一节　中国土地市场化改革再出发

2013 年 11 月 12 日，中国共产党十八届三中全会公布《中共中央关于全面深化改革若干重大问题的决定》，中国改革再出发的呼声与中共中央决定响应，新的改革共识形成一股强大的全面深化改革的实践潮流。土地是人类社会的基本生产要素，土地制度不仅是人类社会经济生活的基本制度，又是全面深化改革的重要对象。因此，土地制度改革必然会牵一发而动全身，成为改革的重中之重。土地制度改革是中国改革的重要内容，土地市场化是在全面深化改革中"发挥市场在资源配置中的决定性作用"的重要突破口。在改革方向大致明确的情况下，有必要回溯历史，清醒认识改革使命，迎接土地制度的全面深化改革新实践。

一、摸着石头过河的土地制度改革

中国改革开放路径常被描绘成摸着石头过河。这是一个形象的比喻。回首过去，经济特区、国有企业、政府职能等改革都是一点点儿摸索出来的，土地制度改革也不例外。至少从秦汉之后，中国传统社会的土地制度基本上形成了以土地私有制和市场配置为主要内容的框架，并且市场化特征越来越明显。晚清以来私有制和市场体制一度被认为是中国社会落后和不平等的根源，于是土地私有和土地市场配置成为土地制度改革的众矢之的。虽然有董时进、卜凯等学者的争论，不过以孙中山"平均地权"为代表的革命思想已经将土地制度纳入中国社会经济大变革的一部分，已经不是纯粹的学术问题或经济问题。这些争论最终随着计划经济体制的建立而不复存在，土地在人民公社体制下是公有和不能流动的。在计划经济体制下，工业优先发展战略及其相关的一整套干预政策导致资源流动的城市偏向，而农产品的统购统销制度、人民公社制度和户籍制度构成了城市与农村差距不能弥合的制度支撑，使中国社会经济被割裂为城乡两个部分，形成了城乡"二元化"中国经济社会。人民公社时期的土地制度构成了当代中国土地制度改革的起点，是城乡二元结构的重要制度基础，而"城乡二元结构是制约城乡发展一体化的主要障碍"。[1]

家庭联产承包经营的集体土地所有制就是改革人民公社制度的成果，确立了个人的财产权和剩余索取权，而且构建了以家庭为单位的生产组织形式，逐步实现了劳动力要素和农产品的自由流动，逐渐恢复了土地的资本功能，逐渐实现了农业经济的市场配置，提高了农民劳动的自由权和积极性，奠定了中国改革开放 30 多年经济增长的土地制度基础。1978 年至 1984 年间农业全要素生产率大幅提高（Wen，1993），从 1979 年至 2010 年中国粮食产量平均增长率达到 2%。与此同时，城乡收入比率从 1978 年的 3.4 下降为 1985 年的 1.93（蔡昉等，2000）。

每一种制度都有其效率边界。对于摸着石头过河的中国土地制度改革而言，20 世纪 70 年代末和 80 年代初建立的土地制度只不过是河中间的一块石头，具有一定的过渡性，仍然需要继续深化改革和创新。按照邓小平同志的说法，"随着实践的发展，该完善的完善，该修补的修补"[2]。事实上，中国现行的土地制度已经越来越缺乏制度张力，需要修补完善了。就农村家庭联产承包责任制而言，已有研究表明 20 世纪

---

① 中共中央关于全面深化改革若干重大问题的决定.
② 邓小平. 邓小平文选：第 3 卷[M]. 北京：人民出版社，2008：371.

80 年代中期以来，中国农业全要素生产率上升的原因是来自于农业技术进步，属于技术诱导型的增长模式，而技术效率却下降了（全炯振，2009；王炯、邓宗兵，2012）。农业技术效率的持续下降表明了家庭联产承包责任制激励作用的下降。同时，家庭联产承包责任制也越来越难以承担提高农民收入、解决城乡差距的使命。随着城市改革和沿海工业发展，城乡差距又一次急剧扩大。据 2012 年西南财经大学《中国家庭金融调查报告》，城乡居民家庭收入差距为 2.5 倍，城市家庭资产平均为 247.60 万元，而农村家庭平均资产为 37.70 万元（甘犁等，2012）。城乡差距已经成为制约中国可持续经济发展和现代化的最大问题之一，可能将中国带入中等收入陷阱（Wen & Xiong，2014）。邓小平同志早就指出"中国社会是不是安定，中国经济能不能发展，首先要看农村能不能发展，农民生活是不是好起来"[①]。为了推动中国的经济增长具有可持续性和包容性，必须从根本上解决城乡二元体制，缩减收入差距是当务之急，亟须全面深化改革。同样，城市土地流转中也出现了地价高涨、"钉子户"、开发区低效率使用等诸多问题，亟待解决。所以，土地制度改革已经成为全面深化改革实践的重中之重。

改革继续向前进的唯一出路是深化土地市场化改革。土地制度改革的基本思路就是习近平提出的："如何在坚持农村土地集体所有性质的前提下完善联产承包责任制，既保障基本农田和粮食安全，又通过合乎规范的流转增加农民收入？"（习近平，2013）。事实上，土地市场化改革是中国共产党土地经济思想的重要构成。早在 1929 年毛泽东就指出了《井冈山土地法》"禁止土地买卖"[②]的原则错误，提出土地改革后"租借买卖，由他自主"[③]，肯定了一定条件下市场机制调节土地的价值。邓小平也明确提出解决"三农"问题得从生产关系上调动农民的积极性，推行"给农民自主权"的改革，同时将市场因素重新引入农村内部和城乡之间要素流转中，奠定土地市场化改革的基础。习近平（2001）就已经在清华大学经济学研究所的博士论文《中国农村市场化研究》中明确指出："农村市场化是建立和发展农村社会主义市场经济

---

① 邓小平. 邓小平文选：第 3 卷[M]. 北京：人民出版社，2008：77—78.
② 毛泽东. 毛泽东农村调查文集[M]. 北京：人民出版社，1982：37.
③ 毛泽东. 毛泽东文集：第 1 卷[M]. 北京：人民出版社，1993：256.

的必然趋向，是突破农村改革和发展瓶颈制约、开创农村改革和发展新局面的重大举措，是实现农业现代化不可缺少的重要前提。"农村市场化也自然有土地市场化配置的内涵。所以，土地市场化改革是中国改革经验的总结，凝聚成了中国新的改革共识，土地制度顶层设计浮出水面。

二、城市化下土地制度改革新局面

城市化是现代文明的重要特征，是 20 世纪以来中国最大的社会经济变迁之一，是中国现代化进程中一个基本问题，也被政府认为是中国经济增长的巨大引擎和扩大内需的最大潜力（李克强，2012）。城市化必然意味着人口、资本、土地要素的集聚和流转。按照世界各国的历史经验，城市化与经济增长存在一个互动的关系，当经济增长到一定阶段，必然出现城市化的趋势。城市化不仅是一个经济现象，更是在经济基础决定上层建筑的规律下，推动原来社会经济制度改革，其中就包括了对土地制度改革的要求。

在中国近三千年的农业文明长河中，土地是中国居民最重要的生产资料。自古以来重农轻商的原因根本上就是农业创造生活资料。经济发展和社会稳定的前提是解决民生问题。民生问题的基本就是"吃"。所谓"民以食为天"，就是强调食物对于生计的重要性。那么，重视农业就是传统农业文明的核心。土地制度是农业经济的基本制度安排。所以，中国传统社会包括了井田制、限田制、王田制、均田制、占田制等多样的土地制度安排，以及丰富的土地制度改革思想。私有制的深化和市场制度的调节是中国传统土地制度变革的大趋势。所以，传统中国土地制度安排和土地改革思想都可以为今日土地制度改革再出发所借鉴。

但是，历史不会简单地重复。当前中国土地制度改革环境与传统中国有大的差异，核心就是中国的城市化进程。随着农民进入城市和非农产业，农村土地已经不再是中国居民主要的就业渠道和唯一的养老手段，农业也不是中国国内生产总值的主要构成[①]，土地财税也不是国家

---

① 2014 年农业占 GDP 比重降至 9.2%。参见：马光远 . 用新思维解读 2014 年中国经济数据[N]. 经济参考报，2015-01-21（1）.

税收的主要来源。土地制度改革必须从数千年的农耕思想中解放出来，探索一种符合城市化要求的土地制度。土地市场化机制设计不能简单回到历史中复制，更不能从西方移植，而是应该在继承和发展中国传统社会土地市场化和土地制度改革经验的基础上，发挥创造力，从城市化视角下探索新土地市场化改革的路径。

三、中国土地制度改革的新型城镇化思路

在当前中国，政府不仅已经意识到了城市化的必然性，更自觉地推动城市化的进程，提出了新型城镇化的战略。城市化与城镇化本质上没有差异，不过鉴于中国人口众多，农村居民不可能一下子都到大城市集中，所以有一个小城镇发展和崛起的过程。政府提出了新型城镇化的战略举措。新型城镇化是以城乡统筹、城乡一体、产城互动、节约集约、生态宜居、和谐发展为基本特征的城镇化，是大中小城市、小城镇、新型农村社区协调发展、互促共进的城镇化。

"三农"问题、"城乡统筹"和"新型城镇化"是过去20年内相继提出的三种解决框架。在"三农"问题框架下，城乡差距问题被定位为农村、农民和农业问题，解决方案则主要围绕推动农村与农业自身发展而展开。但是，这种框架难以解决城乡差距问题，因为农业劳动边际生产率低和农村人地比例严峻构成了单一农业发展解决城乡差距的不可逾越的技术障碍。由此，形成了第二种解决框架——"城乡统筹"，即充分发挥工业对农业的支持和反哺作用、城市对农村的辐射和带动作用，建立以工促农、以城带乡的长效机制。然而，由于工业部门和城市经济自身发展阶段以及根本性体制障碍的限制，这种反哺和带动作用并没彰显，相反城乡差距依然明显并有逐渐扩大的趋势（徐美、刘春腊，2012）。事实上，"三农"问题和"城乡统筹"都仍然是在既有二元结构制度体系内的探索，没有涉及对二元经济体制的深化改革。实际经济活动已经向这个制度框架发出了严峻挑战，比如2.7亿农民工、数千万失地农民、大面积的"小产权房"，以及高的城市住宅空置率等。在"三农"问题和"城乡统筹"框架下，"城"和"乡"作为两个独立的社会经济部门，二者内在自发的关联性被忽略了。城市和农村本来是一个整

体，实现城乡要素双向自由流动是高效率配置要素、提高经济效率的内在要求。城乡差距解决的根本途径就是通过顶层设计，打破现有二元经济结构下的各种要素流动藩篱。新型城镇化朝着这个方向迈出了新的一步，对城乡二元结构体制提出了明确的挑战。

新型城镇化明确提出以人为核心的城镇化，实现农民进入城市定居和市民化，让农村人口进入城市分享现代化成果。但是，如何落实和推进新型城镇化尚无具体的改革方案，不过土地制度改革成为新型城镇化建设的必然内容。所以，本书将从新型城镇化视角出发，回顾过去 30 多年中国城市化的历程，从机制设计的视角考察土地市场化改革的必要性以及方向、机制、路径等，进而总结中国土地制度改革的经济史和思想史经验，寻求土地改革的可能出路。

第二节　研究方法

本书将主要采取历史分析方法和市场机制设计分析方法，构建一种既有历史感又有理论内涵的结构体系。需要指出的是，本书在采用历史实证分析法的同时，强化经济学的分析，尤其是采用市场机制设计分析方法。本书不是简单地归纳历史经验，也不是对历史上经验的简单解析，而是从以史为鉴的视角去挖掘历史上可贵的机制。对于中国而言，传统社会土地市场十分发达，当前土地市场化改革有必要汲取历史上的经验，尤其是符合中国国情的土地市场机制。

一、历史分析法

历史是最好的老师。对经济问题的研究应该具有一种历史的视角。因为"经济学的内容，实质上是历史长河中的一个独特的过程。如果一个人不掌握历史事实，不具备适当的历史感或所谓历史经验，他就不可能指望理解任何时代（包括当前）的经济现象"（熊彼特，2005），即相较于经济理论，历史的研究法可以保证经济史研究的历史性，可以维持更强的时间长度。同时，历史学不仅是整理史料，而是"要受研究问题所驱动、指引，要带着问题、猜想假设去整理并利用史料"，"关于历史的任何一项假设都可以、也都应该放到史料数据中去检验"（陈志武，2014）。所以，对于土地制度的分析可以将经济学与历史学相结合。当然，史料是从历史角度分析存在和发展的基石。梁启超先生认为"史料为史之组织细胞，史料不具或不确，则无复史之可言"。新史料更是学术进步的一个动力和基石，"一时代之学术，必有其新材料与新问题。取用此材料，以研究问题，则为此时代学术之新潮流"（林家有，2002）。就史料的形式而言，但凡经史子集、地方志、书信等皆可以作为经济史研究的资料。史料的重新挖掘和整理是本书的重要内容，集中体现在对民国时期上海史料的收集和整理上。所以，需要根据已有的史料，结合相应理论分析，达到史料与理论分析结合的目的。解决中国土地制度改革，必然面临诸多历史理论和思想反思，必须具有一定的历史视角。

二、市场机制设计

市场设计（market design）或曰市场机制设计是以"市场机制"为主要对象的机制设计，通过对市场微观机制进行设计，使其市场资源配置结果更符合经济社会发展的内在规律和基本需求。市场机制设计者不仅需要理解经济学原理和运用抽象概念性模型，更要求细致考虑和把握市场细节和市场参与者与市场制度的博弈过程，具有像工程师一样的视野（Roth，2002），运用包括机制设计理论、实验经济学和计算机工具的多元工具，以弥补经济学理论工具的不足，从市场厚度（market thickness）、市场拥塞、市场行为的安全性和简易性等角度分析市场低效和市场失灵问题，进而开发各种新型的市场结构与规则，从而促进市场交易双方的交易机会与收益（熊金武等，2011）。经过20多年的发展，市场机制设计研究已经超出了传统机制设计理论的范畴，逐渐形成了独特的研究工具体系和分析框架，成为一个独立的研究领域。2012年诺贝尔经济学奖颁发给开创了市场设计领域研究的埃尔文·罗斯（Alvin Roth）教授和罗伊德·沙普利（Lloyd Shapley）教授。市场机制设计研究和实践影响日趋扩大。有国内学者从匹配机制角度研究"高考录取机制"（聂海峰，2007）、"排污权交易"（卜国琴，2010）等中国的实际问题。在市场机制设计实践中，市场机制设计者在多个领域参与了市场机制的设计，包括"公立学校系统择校项目"、"肾脏交换项目"、"预测市场"（prediction market）等。随着市场设计研究深入，结合实验经济学发展，再加上稳健的计算机仿真技术，各种人为设计出的市场机制成功的可能性大大提高。中国土地市场可以作为市场设计的研究对象。

另外，本书也注重采用社会调查，注重实证分析与规范分析的结合，更以历史唯物论为指导，客观认识土地制度的历史演进。

第三节　研究框架

为了有效解析本书提出的问题，我们将采用以下框架：

第一，提出问题。分析改革开放以来中国城市化的经验与困境，解析城市自我现代化、土地城市化领先于人口城市化、农民"被城市化"等热点问题，从城市化本义出发寻找城市化的扭曲性，探求土地制度在城市化道路探索中的基础性作用。

第二，分析问题。厘清当前城市化路径下出现的系列社会经济问题，聚焦到失地农民。失地农民是中国 30 多年来城市化道路问题和矛盾的集中体现，需要研究失地农民问题的本质、失地农民的贫困化和养老困境等，揭示土地制度改革和城市化道路选择的必要性。

第三，机制设计。分析城市化下土地制度机制并予以机制设计，尤其是分析"钉子户"、土地征收补偿、城市土地流转、农地城市化等问题，说明过去城市化中土地资源配置的缺陷，指出城市化中土地市场化改革的价值与可能方向。

第四，历史回溯。寻求近代以来中国土地制度改革的历史经验，以"涨价归公"为例从思想史角度梳理土地改革可能面临的思想困境，进而归纳和对比中国城市化中土地制度改革的三种本土经验——"老浦西"经验、深圳经验和浦东经验，进而说明中国城市化中土地市场化改革的必要性以及可行性。

第五，政策建议。反思当前土地制度的思想渊源——"耕者有其田",指出城市化中土地市场机制设计需要处理的几种关系以及可能的优越性,进而从中国改革的历史经验出发提出土地市场化改革的策略和历史经验。

总之,中国城市化道路必须要选择一种能够吸收大量农村人口、土地集约使用的道路,其所依赖的制度安排应该是中国共产党十八届三中全会《中共中央关于全面深化改革若干重大问题的决定》中指明的市场机制,即新型城镇化应该是市场导向的城镇化道路。市场导向的城镇化必然要求改革土地制度,让土地要素服从市场配置。土地市场化要求产权的多元化、稳定性和多样化交易形式,让居民、企业和地方政府三个主体同等地在市场上竞争合作。不过,鉴于土地制度是中国从农业文明走向城市文明最重要的制度安排,新型城镇化视角下土地市场化改革势在必行,又必须稳健推进,不仅需要寻求历史经验,还需要进行市场机制设计,实现制度创新,构建符合中国国情和经济发展规律的土地制度。

第二章 30多年来中国城市化道路反思

第一节 城市化的本义与城市自我现代化

城市化是中国从农业文明进入现代文明的必然选择，也是中国未来经济实现可持续的内生增长的基础。过去30多年里，中国城市化进程取得了巨大的进步。随着中国逐步放开了原有对人口流动的控制，大量农民工流向了城市，而且户籍改革不断加快，农村居民进入城市越来越容易，中国城市化率从1978年17.92%上升到2014年54.77%（见图2-1），城市常住人口达到7.5亿。我国用30多年时间完成了英国200年、美国100年和日本50年走过的城镇化进程，不可谓不快。

城市化的本义是通过其强大的集聚效应吸纳农村人口进城定居，让农民通过市民化成为城市居民的一部分，从而降低农村人口在总人口中的比重（文贯中、熊金武，2012）。符合城市化本义的城市化是农村劳动力能够自由进入城市工作、生活、定居，在城市环境下完成人口再生产，并与家人一同融入城市生活成为市民，而不是孤单的匆匆过客。因为城市本质上就是以非农业产业和非农业人口集聚形成的较大居民点。

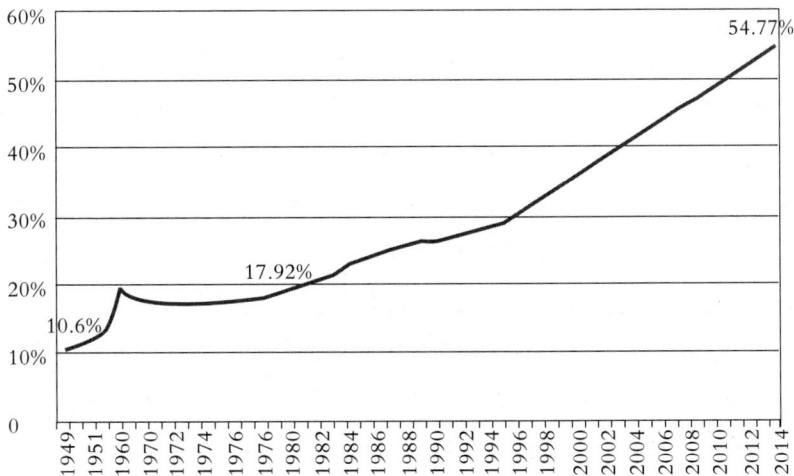

图 2-1　中国城市化率变迁（1949—2014 年）

不过，虽然中国城市建设越来越现代化，城市交通和生活设施极大改善，城市房地产价格飞涨，甚至出现了贵族化的现象，但是土地城市化速度远高于人口城市化速度，农村居民进入城市受到各种排斥，新建城市区域显得人气不足，缺乏足够的包容性和可持续增长性。所以，在肯定过去 30 多年城市化绩效的同时，有必要认真反思中国城市化道路的得失，客观认识不同城市化道路的差异，尤其是认清当前城市化困境背后的制度根源，进而走上一条具有包容性、内生性的城市化道路。

一、城市化还是城市自我现代化

中国城市化的主要问题是"化地不化人"的自我现代化。城市化应该是一个两维的过程，即包括两重任务：一是城市化率的提高；二是城市的不断现代化。前者指的是吸收各地农民进城定居，从而提高城市人口在总人口中的比重。要强调的是，进城定居的不仅涉及农村劳动力，还应涉及其家人的团聚和再生产，并涉及他们的逐步市民化过程。这一重任务具有紧迫性，也是解决"三农"问题、避免城乡收入差恶性扩大的关键。后者是指城市基础设施的不断完善、城市居民生活水平的不断上升和社会文化生活的日益丰富等。后一重任务永远没终点。即使在城市化基本完成、城市化率基本稳定的发达国家，因科技和人文理念的不断演进，城市的现代化过程也永远不会终止。

城市化率和城市现代化水平是可以相互配合提高的。一般情况下，随着城市基础设施的现代化水平不断提高，城市会增强对农村人口的吸收和消化能力。另一方面，城市化率的提高为城市发展带来更充沛的劳动力和更深厚的人力资本，从而吸引更多的技术和资本，通过城市的人口集聚效应进一步促进城市现代化的提升。不过，这要求人口、资本、土地等要素能够自由流动，实现其最优配置（文贯中、熊金武，2011、2012）。这种城市化是一种具有包容性的城市化。

然而，在一些特殊的制度结构下，城市化的两重任务会相互排斥。一种情况是，在城市的现代化水平不断提高的同时，城市失去自动吸收外来农村人口的能力，真实城市化率提高缓慢。这种城市现代化必然蜕变为排外性的城市自我现代化。与之相反，在另一些特殊的制度下，城市化率提高过快，城市现代化速度缓慢，导致诸如贫民窟扩大化、基础设施陈旧等的偏差，是一种低水平城市化。在图 2-2 中，L_1 代表了城市化进程中城市化率和城市现代化水平的合理比例。在这一比例上，城市的集聚效应正好被穷尽，城市的人口规模正好由集聚效应的边际收益曲线和边际成本曲线的交点所决定。L_3 代表城市现代化水平相对城市化率偏高的情况，BC 代表在给定的城市现代化水平下的城市化率的损失。而 L_2 代表城市化率相对于城市现代化水平而言偏高的情况，出现所谓过度城市化（包括贫民窟化）的问题。AB 代表在给定的城市化率下的城市现代化水平的不足。对于发展中国家而言，如果城市化蜕变成为"化地不化人"，走上土地密集、资本密集而人气不足的道路，必然会加剧城乡差距，也就丧失了城市化的真正意义。

二、中国城市化自我现代化困境

改革开放以来，中国城市现代化水平得到极大提高。中国城市建成区面积从 1990 年 1.29 万平方千米扩张到了 2013 年 4.79 万平方千米，在仅仅 25 年间就扩张了 271%，平均每年扩张建成区 1 400 平方千米，超过了 1949 年至 1990 年的总和。同期城镇实有住宅建筑面积从 20.0 亿平方米增长到了 247 亿平方米；城镇居民人均住房面积从 13.7 平方米上升

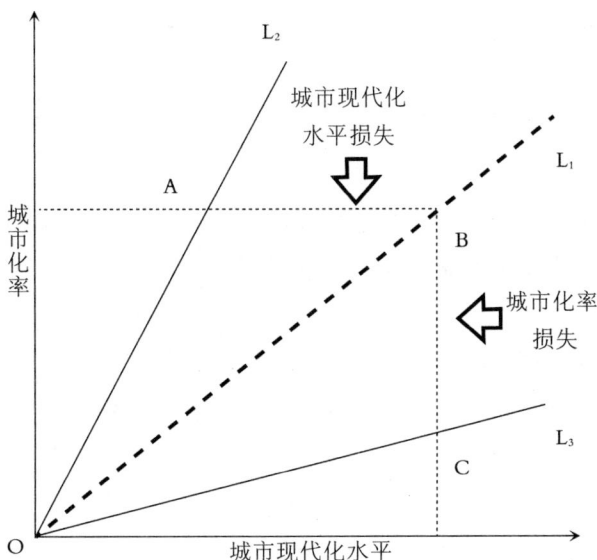

图 2-2　城市化率和城市现代化水平

资料来源　文贯中，熊金武．化地不化人的城市化符合中国国情吗？[J].城市规划，2012（4）：18-24.

到 33.8 平方米。然而，这些成就是通过每年投入高达 1 000 多平方千米的土地和大量资金才取得的，是一种相对粗放型的扩张。更糟糕的是，城市人口规模增长慢于城市土地扩张和城市现代化水平提高的速度。《中国统计年鉴》计算中国城市化率是按照城镇常住人口，事实上是常住人口城市化率。虽然中国城市化被认为在 2014 年达到 54.77%，不过，尽管约 2.7 亿农民工在城市工作，构成了城市常住人口，但是没有享受与城市居民同等的住房、养老、医疗等待遇，更难以实现定居，最后不得不回到农村养老，构不成符合城市化本义的城市人口。那么，按照常住人口计算的城市化率必然是不科学的，难以衡量中国真正的城市化水平。所以，按照有城市户籍的非农人口在总人口中所占比例计算，城市化率仅由 1990 年 26.4%提高到 2012 年的 35.29%，相当于同期只提高了 33.7%。①即使按照杜幅男和蔡继明（2013）提出的"市民化程度"为标准的"一标多维"的城市化率的测算标准，中国城市化水平也

① 孙铁翔，华晔迪，高洁．2012 年全国非农业户口人口所占比重达 35.29%[EB/OL].（2013-03-06）[2015-05-08]. http://news.xinhuanet.com/2013lh/2013-03/06/c_114917440.htm.

不过达到 46.86%。这种人口城市化增长率远低于城市建成区和城镇实有住宅建筑面积的增加速度。这就显著表明中国城市化率严重滞后于中国城市化水平，说明中国城市化脱离了城市化本义，已经蜕变为城市自我现代化。

这种城市自我现代化的城市化必然意味着大量资本和土地在城市外延式低效率集聚，短期内大幅提升经济增长率，但是不能吸收相应的农村居民进入城市，延缓了真实城市化率的提升。这种城市化事实上浪费了城市集聚效应的绩效，不仅违反人多地少、资本短缺的国情，而且与生态环保、具有包容性和可持续性的新型城镇化道路大相径庭。这种城市化导致的城市化状态就是，城市人口密度降低，以至于不仅住房空置率高、公共交通等公共设施利用不充分，还导致服务业市场厚度不够，小区冷冷清清，难以创造就业，难以实现城市内生性可持续增长（文贯中、熊金武，2011）。于是，"鬼城"成为中国城市化中特异的现象，缺乏人气的开发区、工业区和新区更是成为新闻媒体报道的热点。对于中国这样一个资本稀缺的发展中国家，这种巨额投资的低效城市化极大拖延中国实体经济的发展和综合国力的提升，重视工业化、轻视城镇化（周其仁，2013），必然不利于中国经济的可持续增长。

更为核心的是，新型城镇化的重要使命就是解决中国"三农"问题，打破城市二元结构。这个国情要求中国城市化必然是大力吸引农村居民进入城市定居，提高真实城市化率。遗憾的是，城市乐于吸收的城市居民是那些具有足够财富的农民，或者有土地被征收的郊区农民。如果每个城市只吸收本城市郊区的农村居民，那么人口更多的偏远农村人口就无从分享城市繁荣，难以通过"一亩三分地"摆脱贫困。这就无法打破城乡差距的藩篱。所以，真实城市化率提高具体就体现在城市吸收外来农村人口的能力上。新型城镇化下，每一个中国城市都必须大力吸纳外来农村人口，真正提高中国整体的真实城市化率。城市自我现代化排斥农民，只可能导致更加严峻的城乡差距，无从解决"三农"问题。不管是从哪个国家的经济或经济学一般道理来看，帮助农民最好的办法，甚至是唯一可行的办法就是让他们离开农村，从整个家庭的收入状况、生活改善的角度来讲，大部分农民难以从农业寻求出路。所以，有必要改革中国的城市化模式，走新型城镇化的道路，让农民能够离开土地进入城市。

第二节 "被强制性"城市化与土地制度障碍

新型城镇化是中国解决二元结构下城乡差距的新框架。计划经济时期形成的户籍制度和土地制度阻碍了城乡要素的自由流动，形成了"被强制性"城市化机制，导致了农民工的"被非城市化"和失地农民的"被城市化"现象。农民工及其家属没有进入城市的自由，不能享受与城市居民同等的就业、社会保障等权利，难以享受现代化成果；失地农民不仅失去了从集体土地制度中退出的自由、从被征地中退出的自由、失地后继续做农民的自由，只能进入城市，而且与一般城市居民一样失去了退出城市重新做农民的自由。于是，土地城镇化和人口城镇化被捆绑在一起。新型城镇化要求打破农民进入城市和退回农村的制度障碍，改革户籍制度和土地制度，构建人口、土地和资本要素的城乡双向流动机制，保证进入城市的自由、退出城市化的自由和退出城市的自由，走市场导向型城镇化道路。

一、农民城镇化的被强制性

农民工问题和失地农民问题是过去30多年城镇化过程中形成的两个突出问题，也是新型城镇化所要重点解决的核心问题，是"新三农"问题的重要构成（李培林，2009；华生，2011）。农民工指在本地乡镇企业或者进入城镇务工的农业户口人员，尽管相比计划经济时代他们在进城就业上有了更大的自由，但在教育、医疗和社会保障等公共服务的享有上依然面临巨大的歧视，使他们难以真正地成为城镇居民。与这种歧视相伴随的还有一系列问题，如留守老人、留守儿童问题。全国妇联课题组（2013）认为6 000万留守儿童的教育将影响中国未来数十年的社会经济发展。另外，如果依据2030年全国人口达到15亿、城镇化率超过70%的目标计算，在现有基础上将有5.5亿人从农村人口转变为城镇人口。因此，如何避免造成只关注农村人口就业空间转移却忽视其社会地位与公共服务享有权改进的"伪城镇化",是实现新型城镇化的重要议题。

失地农民这一称谓具有临时性,特指刚刚放弃耕地进入城市,却仍以农民作为自我认同或被社会制度判定为农民的居民。失地农民多是从土地征收中产生的。失地农民问题所包含的同样是一系列问题。据调查,征地、拆迁已经波及中国16%的家庭,而征地拆迁后提供就业机会和城镇社会保障的比例较低(清华大学中国经济社会数据中心,2013)。关于失地农民的规模,迄今没有严格的统计,一般估计至少有3 400万农民完全失去或部分失去土地(韩俊,2005)。另外由于违法用地数量一般占用地总量的20%~30%,失地或部分失地农民的数量可能高达4 000万~5 000万(陶然、徐志刚,2005)。因此,如何解决失地农民问题也成为实现新型城镇化的关键环节。

农民工和失地农民是中国独特制度环境的产物,已有的国外研究缺乏直接参考性。国内对农民工和失地农民的研究已经相当全面,大体包括两类。第一类是调查研究,包括收入状况、就业途径和意愿、新生代农民工经济行为以及市民化问题(国务院发展研究中心,2009;金晶、许恒周,2010;李永友、徐楠,2011;王书明等,2012;陈占锋,2013)。第二类是制度分析,包括完善土地法律法规和户籍制度,严格界定公益性征地范围、农民工社会保障制度(黄祖辉、汪晖,2002;陈小君,2012;黄长义、孙楠,2013),从户籍制度和土地制度分析农民工问题(文贯中,2014;蔡继明等,2013)。这些研究都为本书讨论的展开提供了具有启发性的借鉴,使我们得以更深入地思考新型城镇化问题。需要注意到,尽管农民工问题和失地农民问题的视角使我们得以把握原有城镇化框架的不足,但是其仍然有不精确和有待改进之处。第一,该视角没有对参与城镇化的农民的主动性和被动性进行区分,例如在农民工群体中,尽管"新生代"农民工更愿意留在城市,但有7.3%的"80后"农民工和3.8%的农民工愿意继续务农;失地农民群体与此类似,愿意放弃农村土地并取得城市人身份的农民和不愿意放弃原有身份的农民同时大量存在。第二,该视角过于强调农业人口向城市流动,忽视了城乡要素的双向流动,使城镇化蜕化成单行道式的城镇化,而城乡差距的真正消灭应当是建立于要素双向自由流动基础上的，只有如此才能实现效率和福利提升。第三，农民工问题和失地农民问题都是城镇化过程中的突出问题，其应当在更为一致的因果框架下进行考察，而当前视角难以使人们如此分析，从而也就难以形成一贯性的理解和政策思路。

基于此，从城镇化过程中制度安排的强制性视角展开分析，通过考察制度安排的强制性及对城镇化的影响之间的关系，寻求既有城镇化路径伴生问题的深层次原因——土地制度和户籍制度，并为新型城镇化方案设计提供思路。我们将重点对强制城镇化与土地制度进行探讨。

二、强制性城镇化、四种退出权与自由权利

农民怀着对农地的强烈依恋，犹豫不决，前思后想地离开家乡，进入城市谋生，是各国城市化过程中的普遍现象。然而在既有的城镇化过程中，他们面临两方面的困境。一方面，他们作为农民工想要进入城市定居面临一系列歧视性制度障碍；另一方面，他们作为失地农民也难以摆脱"被城市化"[①]的命运。因为在现有土地制度和户籍制度下，只有具有农村户口的人才能拥有土地；反过来，一旦失去农村土地，此人也就不能具有农村户口。"人的城市化"意味着在从农村户口转换为城市户口的同时，此人本来拥有的集体土地承包权自动丧失，不能持有任何农地产权。也就是说，一旦取得城市户口就必须失去农地，并且不能重新转变为农民和拥有农地；一旦失去农地，就必须进入城市，不能继续做农民。虽然失地农民部分选择依然生活在农村、工作在农业，但是比例非常小。尤其是从制度角度，他们失去了农村户口的身份，只能进入城市户口的序列，于是更多的失地农民选择非农就业和城市定居。放弃农地成为农村人口城市化的前提。这种僵化的制度就导致了两种畸形的

① 现实中，有很多农户愿意主动放弃农地。比如本书作者调研发现上海郊区农户的农地流转意愿强烈。对于"您认为是否有土地流转的必要"这一问题，有51.96%的农户选择"有必要"，有17.16%的农户选择"没有必要"，还有30.88%的农户选择"无所谓"；有62%的农户在农业收入能维持家庭生活的条件下，愿意转出全部承包的土地（王昉、熊金武、韩玉，2010）。不过，被迫失去土地却是中国的常态。因为土地征收带有行政强制性。无论农民意愿如何，征地过程都代表了一种强制性，农民只能被动接受。在中国，土地征收制度是农地转化为城市建设用地的唯一途径。所以，一旦被纳入土地征收范围，农户只能被迫放弃农地，被迫进入城市。

城市化产物：一是进入城市工作，有可能逐渐实现市民化，但只能通过保持农村户籍才能保持农地的农民工；二是失去了农地，虽然取得城市户籍，但远未实现市民化的失地农民。农民工没有选择取得城市户籍、实现城市市民化的自由；失地农民则没有保留农村户籍、退出城市化的自由。所以，受到土地制度和户籍制度限制，土地城市化与人的城市化被硬性地捆绑在一起。无论农村居民是主动还是被动放弃土地，失去农地的农民都只能取得城市户口，被动性地进入城市谋生，参与城市化进程，即"被城市化"；农民工只有进入城市工作的自由，却没有权利与城市居民享有同等的医疗、教育等公共服务，只能保留农村的土地和户籍，即"被非城市化"；城市居民只能长期保持城市户口，不能进入农业生产和农村生活，参与农业现代化进程。

解决农民工问题就需要了解"被非城市化"的形成机制，即进入城市化自由的问题。在计划经济时期，农民与城市被一分为二，农民没有进入城市就业的自由。直到20世纪80年代，农民逐渐进入城市（尤其是沿海地区）从事非农就业，并取得了进入城市从事非农就业的权利。然而，农民一直游离在城市与农村之间，没有能够"进入"城市的市民社会和市民体制。农民不仅很难进入政府部门工作，而且没有同等享受城市公共服务的权利，难以享受与城市居民同等的医疗、养老、教育等公共服务。这就导致农民工不能直接放弃土地、进城定居，只能在城市与农村之间游离。农民工家属也很难进入城市，只能沦为农村留守人员。虽然上海、广州等地都出台了面向农民工的户籍改革方案，但是改革进程缓慢。现行户籍制度大大提高了农民进入城市的成本，事实上排斥了绝大部分的农民进城定居。规避农民工"被非城市化"必然要求打破农民进入城市的制度障碍，恢复农民"进入城市的自由"。

解决失地农民问题就需要了解"被城市化"的形成机制，即丧失退出城市化的自由的问题。退出权不仅有助于合约的自我实现，解决搭便车问题，维持集体行为效率，也是实现要素自由流通和经济主体自我选择的必要条件。在20世纪50年代末人民公社化运动中，农民失去了多种退出权。林毅夫（1994）提出了"退社权"，认为"在一个合作社里，社员如果拥有退社的自由，那么，这个合作社性质是'重复博弈'

的，如果退社自由被剥夺，其性质就变成'一次性博弈'"。后来有学者提出了社员公社食堂的"退堂权"（文贯中、刘愿，2010）和集体土地制度中的退出权（文贯中，2008）。在目前土地征收制度、土地制度和户籍制度下，农民不仅没有完全恢复当年失去的各种退出权，还在"被城市化"过程中显示了另外四种退出权的缺失。第一，集体土地权带有强制性，农民不能从集体土地所有制度下自由退出，不能完全自由支配自己的那一份土地权益。第二，农民不能从非公益性土地开发中退出，只能在土地征收中被迫失去土地。第三，失去全部农地的农民不能在农村内部异地安置，没有继续做农民的自由，只能进入城市谋生。第四，城市居民不能在农村合法取得土地，没有退出城市回到农村、重新做农民的自由。四种退出权的缺失就导致了个体农民土地权益只能从属于集体，被非公益性征地的农民只能失去土地，失地后的农民只能被迫进入城市，进入城市的农民只能永远留在城市。农民在大规模土地开发中被迫失去土地，形成农村人口大量"被强制性"城市化的浪潮，演变为严重的社会问题。

新型城镇化要求打破农民进城和失地农民不进城的障碍，因为城镇化不仅是农村的人口、资本等生产要素进入城市的过程，也是城市资本、人才、技术等要素进入农村的过程。农民工没有进入城市的权利和失地农民没有退出城市化的自由是当前土地制度和户籍制度阻碍城市化进程的集中体现。所以，当前各地户籍改革更多是放开农村要素进入城市的权利，确保"进入城市的自由"。当前学界呼吁的土地征收制度改革，有利于实现土地市场化配置，规避失地农民危机，实现"退出城市化的自由"。

不过，当前的户籍制度和土地制度事实上也限制了城市居民自由回到农村。一旦农户取得城市户籍，就不能再拥有农村户籍，不能退出城市重新做农民。城市是只能进不许出的。然而，农民的城镇化存在风险和不确定性，是一个自我选择和淘汰的过程，必然有农户不能适应城市的生活，只能选择回到农村。近代上海的兴起就是因为人口的自由流动制度，使得大量外省籍农村人口能够自由进出上海谋生和定居，促成了城市人口、土地和资本要素的优化组合。以 1930 年至 1937 年间为例，迁出上海的人口平均每年 25 万（邹依仁，1980），约占同期上海总人口的 7.2%，体现了城市人口的自我调节机制。退出城市回到农村的自由还有利于打破城乡割据，实现土地和人口的自由流动。一方面让城市的资本和人才向农村流动，推动农业现代化和农村经济发展，加快郊区城镇化，另一方面实现农村居民凭借土地资本进入城市，缩小城乡差距。单行道式的"被强制性"城市化导致城市人力资本配置低效率，不利于优质要素在城市和农村之间优化配置。欧美国家出现过的城市空心化和逆城市化说明了城乡要素双向流动的内在合理性。正如厉以宁先生所言，"中国应该由现在的单向城乡一体化走向双向城乡一体化"，"农村人向城市迁移的同时，城市人可以自愿到农村去生活、居住，也可以带着资本下乡、技术下乡，让农村居民以土地入股，走工农经营的道路"。所以，城镇化不可忽视了其另外一面，即城市要素进入农村的自由——"退出城市的自由"。

总之，进入城市的自由、退出城市化的自由和退出城市的自由是相辅相成的三种自由权利。诚如周其仁教授（2013）所言"自由乃城市之基"。在过去中国城市化中，这些自由权利都由于退出权缺失而不存在，于是旧的城市化道路具有很强的行政强制性。这种行政强制下的城镇化事实上就是一种行政导向型城市化道路。中国共产党十八届三中全会决定提出"让市场在资源配置中发挥决定性作用"，那么在中国新型城镇化建设进程中，城市居民、农民、土地等都应该在改革中取得这三种自由权利，实现通过市场机制参与城市化，实现城乡要素按照市场自由配置。如果继续沿着行政强制性城市化道路，将会导致更大的社会经济问题，从人力资本角度分析行政强制性城市化可能导致中国陷入贫民化陷阱。

第三节　土地要素的配置机制与城市化道路选择

城市化蜕变为自我现代化离不开我国计划经济体制时期特殊经济、政治条件下残余的土地制度和户籍制度，以及城市土地行政配置方式，本质上是一种行政导向性城镇化。城镇化需要相应的人口、土地等要素制度变革。城市化道路与土地配置机制密切相关。但是，中国土地制度却难以适应新型城镇化下社会经济发展的要求。

一、户籍制度与政府导向性城镇化

城市化必然伴随人口要素的流动。现行户籍制度是在 1958 年颁布的《中华人民共和国户口登记条例》基础之上形成的，极大地限制了农村人口自由迁徙和定居，使得农民即使进入城市工作也难以实现定居，而仅仅是匆匆过客。一方面，众多限制城乡户籍转换的制度大大提高了农民进入城市的成本。例如，上海户籍申请者被要求须参加上海城镇社会保险满 7 年，被聘任为中级以上专业技术职务或具有技师以上职业资格等条件。①这类规定其实排斥了绝大部分的农民进城定居。另一方面，进入城市工作的农民工不能享有与城市户籍的居民同等的社保、医疗、廉租房等的权利，难以获得平等打拼的机会。户籍制度成为限制农民工发展以及阻碍农民分享城市化效益的障碍。事实上，当前户籍制度不仅限制了城乡居民自由流动，也限制了不同地域居民的自由流动，限制了不同城市间居民的自由流动，进而大大限制了城市化率的提升，并使城市现代化蜕变为城市的自我现代化。

近年来户籍制度改革已经加速开展。尤其是 2014 年 7 月《国务院关于进一步推进户籍制度改革的意见》出台，明确提出落实放宽户口迁移政策，统筹推进工业化、信息化、城镇化和农业现代化同步发展，推动大中小城市和小城镇协调发展、产业和城镇融合发展，合理引导农业人口有序向城镇转移，有序推进农业转移人口市民化。具体举措就是全面放开建制镇和小城市落户限制，有序放开中等城市落户限制，合理确定大城市落户条件，严格控制特大城市人口规模，计划到 2020 年努力实现 1 亿左右农业转移人口和其他常住人口在城镇落户。于是，各省市纷纷放开中小城市和城镇落户限制，并探索新农合异地转移接续办法、向农户提供足够公共服务等。这是都是可贵的进步。

然而，当前放开的仅仅是中小城市和小城镇的户籍，具有更大城市

---

① 上海市人民政府关于印发《持有"上海市居住证"人员申办本市常住户口试行办法》的通知（沪府发〔2009〕7号）.

集聚效应的大城市却依然将农村居民排斥在外。事实上，中国的城市化很大部分就是消化那部分正在大城市打拼的农民工。如果 2.7 亿农民工实现了城市化，那么中国城市化率将有大幅度的提升，所以就地城市化是中国城市化的重要路径。按照 2014 年 11 月 20 日国务院《关于调整城市规模划分标准的通知》，城区常住人口 1 000 万以上的超大城市有北京、上海、广州、天津、重庆、深圳、武汉 7 座，城区常住人口 500 万以上 1 000 万以下的特大城市有成都、南京、西安、宁波等 11 个。鉴于当前大量农民工聚集在北京、上海、广州等超大城市和特大城市，大城市户籍向农村居民放开将是最有效率的；否则，农村居民只能到就业机会稀少、城市集聚效应不显著的小城市或小城镇，不能得到足够的就业机会，难以定居下来，依然会有一场从小城市到大城市的再次迁徙。这不仅在城市化效率上必然是低效的，而且对农村居民的幸福而言也必然是极大的损失和伤害。

二、城市土地行政配置与政府导向性城镇化

土地制度是另一个核心制度安排，与户籍制度相辅相成。随着户籍制度改革展开顺利，土地制度改革越来越重要。城市空间扩张必然需要城郊土地变为城市用地。在现行土地制度下，城市土地只有通过土地征收和"招拍挂"制度才能流转。地方政府垄断土地的供给，成为城市土地所有权交易的唯一买家和卖家。同时，根据国土资源部加强土地调控、严格新增建设用地审查报批的政策，省级政府向国务院报批项目用地需与国家发改委沟通，项目审批机关还必须就是否符合国家产业政策、规划布局、市场准入标准以及审批、核准程序是否完备和合规作出说明。这事实上采取了一种与计划经济体质相类似的行政性土地资源配置机制。不仅全国有一套土地指标体系，各省也将继续采用行政手段，将土地指标分解到各区县，然后区县再根据土地指标实际征收、征用土地。这种行政性土地资源配置方式必然伴随着行政性资源配置的痼疾，更糟糕的是构成了中国城市化路径扭曲的基本制度障碍，导致了系列社会经济问题。

第一，低效率。计划经济的缺点已经在 20 世纪暴露无遗。历史证

明，计划经济不可能在非价格信号下持续性寻找到土地利用的机会成本和供求信息，更难以恰当地匹配多样化的需求。虽然当前中国土地市场采取"招拍挂"形式，貌似是一种土地市场，但是由于这种市场是由地方政府垄断的，各地地方土地拍卖市场也是完全割裂的，信息难以共享，土地要素不能流动，因而没有全国统一完全市场的真实土地价格信号，只是若干分割垄断市场的信息，必然伴随土地要素配置的低效率和扭曲。更糟糕的是，这种带有很强行政色彩的"招拍挂"市场事实上很严重地排斥真正成熟的土地市场，行政垄断排斥了自由市场成长的合法空间。如果农民的土地得不到正确的市场价值评估，只依靠行政手段纠正各种土地闲置错配等问题，那么不仅农户利益不能得到维护，而且土地供求扭曲的状态也不能被纠正。

第二，背离社会需求。地方政府是具有独特利益诉求的。有的地方政府将土地用于短期快速提升 GDP 的产业，如房地产和其他第二产业。服务业虽然能够创造大量就业机会，尤其是低端服务业能够吸收大量农村低素质的人口，但是这类服务业不能够短期内提升地方 GDP，政府有时不会将土地投放到这类产业中。于是，政府宁可浪费大量土地，建设低容积率和高居住面积的住房建设，以及开工不足的工业区，也不愿意拿出小部分土地为服务业提供足够的营运空间，繁荣城市活动，土地并没有被服务于城市化。

第三，高地价提高城市定居成本。"招拍挂"给地方政府寻求垄断地租的机会。作为唯一卖家，各地方政府的理性行为必然会将本地土地的使用权在市场上高价拍卖，以便使土地出让金极大化，于是土地价格节节攀升。然而，开发商拿到天价的土地后，为了收回成本，必然建设的住宅是高价的，甚至不会面向城市底层和农民提供住房。于是，城市住房价格不断飞涨，超出了绝大多数农村居民的承受能力。房地产泡沫化导致农民难以进入城市定居，事实上将农民排斥于城市之外。

第四，寻租。行政性土地资源配置必然强化了土地管理部门的权力，事实上也扩大了其寻租的机会。甚至各级土地指标分配很可能伴随各级行政领导非科学决策和非理性行为以及各种寻租行为。遗憾的是，事实的确如此。据统计，2009 年 1 月至 2010 年 8 月，全国检察机关立案查办国土资源领域职务犯罪案件 1 978 件，其中贪污贿赂犯罪 1 715 件，大要案 1 371 件。[①]2010 年我国发现违法用地案件有 5.3 万件，涉及土地面积 41.8 万亩，其中立案查处的违法用地案件为 2.8 万件。[②]这些活生生的数据说明了行政配置土地下寻租之猖狂，势必伴随土地利用的低效率。

三、土地要素配置需要依靠市场

城市化中土地要素的行政配置阻碍了中国城市化进程，不仅对城市拆迁户导致了影响，更损害了中国农村居民的利益，延误了"三农"问题的解决。农村土地要素职能与"三农"问题要求土地制度必须尽快改革。由于农地的边际农业生产率低，中国人地比例失衡，所以仅仅依靠农业生产率的提高绝无解决城乡差距的可能。不可能指望"一亩三分地"让大多数农民与城市居民一样富裕，所以农民必须进入城市，农村土地制度也必须相应调整。

第一，农地流动性的制度性障碍。农地流转包括了农业内部的农地流转和农地非农化流转。30 多年来中国农村土地流动性不断强化，逐步取得了出租、抵押等权利。在当前土地制度下，除了农地买卖外，只要不改变耕地属性，农民已经拥有了农业内部流转农地的自由。但是，由于这种流转缺乏稳定的产权基础，导致当前农地流转的低效率。另外，农地的非农化流转为政府所严格控制，缺乏自由。

第二，农地资本功能没有得到彰显。农地是农民所拥有的唯一生产要素，也是唯一可以转换为资本的要素。在城市化高度发展的今日中国，农民进入城市成为大势所趋。但是这个过程是有成本的，要求农民具备足够的人力资本或其他资本用于支付住房、教育和日常生活等支出。如果土地要素不能流转（出租、抵押、典当、买卖、证券化等），那么只是一种财富，作为一种生产要素，不可能成为资本。中国农村的土地要素不能进行市场流转，难以融入市场配置机制，得不到高效利用，不能为农民带来更多的财富；土地要素被限制参与金融市场，没有

---

① 朱治华.最高检：1—8 月国土资源领域职务犯罪 1978 转[N].法治晚报，2010-09-25.
② 阮煜琳.中国去年发现违法用地 5.3 万件　立案查处 2.8 万件[EB/OL].（2011-01-21）[2015-05-08]. http://www.chinanews.com/gn/2011/01-21/2802211.shtml.

彰显土地的资本价值，这就降低了农民进城的可能性，限制了城镇化进程。

第三，土地增值收益分配机制有待调整。土地征收中大部分土地增值收益被地方政府取得并用于城市基础设施建设，城市现代化水平上升进一步抬高城市房地产价值，加剧城乡资产性收入差距，而高房价又将农民排斥于城市之外，城市化道路任重道远。围绕土地征收的"钉子户"、失地农民等又构成了新的社会经济问题。

第四，农地经济绩效有待提高。当前以个别家庭为单位的土地经营模式，不能集中足够的投入要素，难以采取较高水平的生产技术。土地细碎化也不利于大型农机开展。于是，中国农业的生产经济效率偏低。农地经营基本采取了自给自足的自然经济模式，还不能完全适应市场化需求。

现行土地制度必然导致贪腐和对农村居民的剥夺，使地方政府无法完全地转型为服务型政府。尽管位于城市四周、属于农民集体所有的农地，天然可以成为城市面积扩大所需土地的来源，但是这些土地并不能自动对城市地价的上升作出合理并且合法的反应。在当前土地制度下，农民无权在符合城市区划的前提下根据地价的变化自由向土地市场提供土地。农地不准自由买卖，不准进入土地的一级市场，除非为地方政府征收，转化为国有土地。这种土地制度不仅和市场经济要素自由流动的内在要求相冲突，也是对农民在市场经济中平等地位的否认。农民不能凭借土地财富进入城市，他们对土地的权利反而因城市化而遭到大规模的"国进民退"。这种对农民土地财富的公然剥夺对农民来说极其不公正，引起了大量社会冲突。

值此中国的城市化进程急需加快的关键时刻，尽管劳动和资本这两个要素在城乡之间的流动性日益活跃，然而土地要素除了通过行政配置外，在城乡之间、农村内部和城市内部几乎没有任何合法的流动性，农民因为户籍问题不能自由进入城市定居，难以实现城乡发展机会的均等，也难以利用既有的农村土地要素。可见，从计划经济时代遗留下来的现行土地制度正在严重阻碍土地同其他要素的自由组合，严重限制城市集聚效应的发挥，从而损害全民族，特别是全体农民的根本利益。

　　总之，行政主导型中国城市化道路导致了城市自我现代化困境，而其制度根源在于行政性土地资源配置模式，以及中国被城市化的制度困境。中国城市化道路探索还需要深入，就需要进一步认识这种土地流转对城市化人群的影响。

第三章　强制性城镇化中的失地农民

行政性土地资源配置下导致的必然是行政性的城市化路径，构成了城市自我现代化。城镇化关乎社会经济的各个方面，扭曲的中国城镇化路径不仅影响了城镇化的效率，还导致了城镇化中各种社会经济问题。这种城市化模式下最典型的受损害人群就是失地农民。

第一节　"被城市化"的失地农民

当前户籍制度、土地制度和土地征收制度下，农民失去了从集体土地制度中退出的自由、从被征地中退出的自由、失地后继续做农民的自由、退出城市重新做农民的自由。农民一旦失地，只能被迫进入城市，成为"被城市化"的失地农民。失地农民问题根本上是"被城市化"问题。"被城市化"不仅导致了土地征收的低效率和公平争议，也降低了城市化效率。只有恢复退出权，实现土地产权多元化，走市场导向型城市化道路，并通过强化教育以提高农民人力资本，方能扭转失地农民问题的困局。

一、失地农民问题背后是城市化

近 30 多年来农民生活水平得到极大改善，然而在现行城市化浪潮下，出现了暴力拆迁、"钉子户"、农民工、失地农民等一系列新形式的"三农"问题（华生，2011）。土地征用导致的失地农民问题尤为令人关注。失地农民的规模迄今没有严格的统计，一般估计 1987 年至 2001 年全国非农建设占用耕地共 3 395 万亩（约合 2 263 333 万平方米），至少有 3 400 万农民因此完全失去或部分失去土地。另外由于违法用地数量一般占用地总量的 20%~30%，失地或部分失地农民的数量可能高达 4 000 万~5 000 万人（陶然、徐志刚，2005）。如果到 2030 年中国城市化率实现 65%的目标，则待城市化人口为 5.5 亿。按照每 1 万城镇人口平均需要不少于 1 平方千米土地计算（沈关宝、王慧博，2008），则需要占用集体土地 5.5 万平方千米，而中国农村人均耕地面积为 1.38 亩（合 920 平方米），这意味着另有 6 000 万名农民将完全失去土地，累计失地农民将超过 1.1 亿人。如何在保证农民土地财产权的前提下，顺利推进中国人口城市化和土地城市化协调发展是新型城镇化的关键。

失地农民是中国独特制度环境的产物，已有的国外研究缺乏直接参考性，只是在土地用途转换、土地征收、城市化对农地影响等方面有相关讨论。国内对失地农民的研究已经相当全面，大体包括三类：第一类是调查研究，包括调查失地农民收入状况、就业途径和意愿、城乡结合部农民征地补偿及意愿（国务院发展研究中心，2009；成得礼等，2004；陈占锋，2013），考察土地增值收益分配中政府与农户的比例（王小映等，2006），以及在失地过程中的行为，如上访、诉讼、"钉子户"等（冯玉军，2007；应星，2007）。第二类是从土地征收制度对失地农民问题的分析，包括强调完善土地征收法规，严格界定公益性征地，防止地方政府滥征土地（黄祖辉、汪晖，2002；文贯中、许迎春，2009），强化失地农民的社会保障以及人力资本投入（李勋来、李国平，2005；李杰，2011）。第三类学者强调了失地农民在城市化过程中的非主动性，提出失地农民的"被动型城市化"（张海波、童星，2006）和"非自愿移民"（宋全成，2009）等概念。

失地农民虽然是土地征收中产生的，但不能脱离于城市化这个视角。不过已有研究还不能很好地表述失地农民的城市化困境。首先，由于缺乏严格的城市化定义，失地农民的"被动型城市化"概念还不完整，被认为是与民工潮的"主动型城市化"对应的现象。现实是，高龄农民工不愿意实现市民化和在城市的再生产，愿意回到农村；愿意留在城市的"新生代"农民工却很难在当前土地制度和户籍制度下实现城市化，事实上是一种"被动型非城市化"。这种被动性才是当前制度的关键。其次，"非自愿性移民"的视角有利于描述部分失地农民对进入城市的主观意愿，但客观存在大量农民很乐意接受当前的城市化移民，导致基于失地农民主观意愿上的判断面临困境，急需从制度约束的视角厘清失地农民在城市化中的"被动性"困境。

因此本书不讨论失地农民城市化中所经历的自我认同、就业、市民化等具体问题，而是联系当前土地征收制度、土地制度和户籍制度，考察失地农民在现行城市化机制中"被动性"的真实制度困境，也就是认知失地农民的本质——"被城市化"和退出权缺失，在此基础上从讨价还价的角度，探讨缺乏退出权的土地征收制度可能导致的效率问题和公平争议，进而从人力资本角度考察继续做农民的自由和重新做农民的自由的缺失对城市化效率的影响，最后提出解决失地农民困境的建议。

二、"被城市化"的逻辑

虽然关于失地农民问题的研究成果已经很多，但是失地农民的定义却众说纷纭，其中有对失地原因、失地状态或者失地后困境的描述，或定义为因国家征用土地而完全丧失土地的农民、人均占有耕地达不到0.3亩（200平方米）的农民，以及因征收失去土地又没有稳定收入来源和保障的农民等（吴岩等，2011）。从字面意义上讲，失地农民就是失去土地的农民，也就是没有土地所有权或使用权的农民。在传统社会中，自耕农失去农地所有权转换为佃农，佃农失去土地的使用权成为雇农，流民则是没有农业劳动的机会，这些人虽然失去土地所有权或使用权，但一般仍在农村生活。显然，这与今日失地农民现象大相径庭。因为今日失地农民的问题，不再局限于是农业内部，①而是发生于城市化和工业化的大背景下，就如同英国圈地运动中农民离开土地一样。失地农民的核心不仅是失地，更有自愿或被迫进城的问题（李勋来、李国平，2005）。本书中失地农民专指这类失去土地，离开了农村和农业，而进入城市的农民。②"失地农民"的称谓具有临时性，特指一种处于过渡状态的人群，即刚刚放弃耕地进入城市，却仍以农民作为自我认同或被社会制度判定为农民的居民。

农民失去土地，怀着对土地的旧有情感和依赖，毅然进入城市谋生，是各国城市化过程中的普遍现象。然而中国失地农民却演变成一种上文提到的社会问题，究其原因，是与失地农民的形成机制和安置方式有关的。

首先，农民失去承包土地或土地承包权利的途径可以划分为主动和被动两种。在土地换户籍改革中，有很多农户主动放弃农地产权就属于前者。不过，被迫失去土地却是中国的常态。因为土地征收制度是农地转化为城市建设用地的唯一途径，不仅包含了对公益性用地的征收，还包括非公益性用地的征收，事实上蜕变为中国制度框架下的土地城市化的唯一机制。同时，土地征收带有行政强制性。一旦被纳入土地征收范围，农户只能被迫放弃土地。在中国高速经济增长过程中，土地征收规模惊人，大量农户被迫失去土地。从经验数据来看，有约 5 000 万农民沦为了失地农民。如此大规模的农民在土地征收中被迫失去土地，由于不能得到妥善的安置，自然演变为严重的社会问题。

其次，在现有土地制度和户籍制度下，只有拥有农村户口的人才能拥有土地，反过来，一旦失去土地，此人也就不能有农村户口。"人的城市化"意味着在从农村户口转换为城市户口的同时，此人本来拥有的集体土地承包权自动丧失，不再有权占有任何土地产权。也就是说，一旦取得城市户口就必须失去农地，并且不能再通过转变为农民，重新拥有农地；一旦失去农地，就必须进入城市，不能继续做农民。这就将放

---

① 在当前的集体土地所有制度下存在大量农村居民没有土地承包权，由于现在矛盾还不突出，所以暂时未引起足够的重视。
② 现实中，存在没有土地承包权的农村家庭，失地农民可能只是拥有取得土地承包权的权利；有的矿区或山区失地农民虽然取得城市户口，但是没有进入城市生活，只是"被非农化"。城乡结合部的居民是被动型城市化的典型。

弃土地作为农村人口城市化的前提。这种僵化的制度就导致了两种畸形的城市化产物。一是进入城市工作，有可能逐渐实现市民化，但只能通过保持农村户籍才能保持土地的所谓农民工；二是失去了农地，虽然取得城市户籍，但远未实现市民化的所谓失地农民。成为对比的是，农民工没有选择取得城市户籍而实现城市市民化的自由；失地农民则没有保留农村户籍而退出城市化的自由。

所以，受到土地制度和户籍制度限制，土地城市化与人的城市化被硬性地捆绑在一起，无论农村居民是主动还是被动放弃土地，失去农地的农民都只能取得城市户口，被动性地进入城市谋生，参与城市化进程，即"被城市化"。失地农民的"被城市化"大体可以分为"失地"和"进城"两个阶段，当前失地农民的困境主要就体现在"失地"阶段土地补偿金额的讨价还价和"进城"后"城市贫民化"问题。如果农民放弃了农地，却不能顺利完成城市化，那么就会引发各种社会问题。

如前所述，解决失地农民问题就需要了解"被城市化"的形成机制，即退出权丧失的问题。四个退出权的缺失就导致了个体农民土地权益只能从属于集体，被非公益性征地的农民只能失去土地，失地农民只能进入城市，进入城市的农民只能永远留在城市。失地农民不能自由实现其最优选择，违背了城市化中要素自由流动要求，也就形成了大规模土地开发中其名下的土地有开发价值的农村人口大量"被城市化"的浪潮。

三、没有退出权的"失地"：土地补偿金的讨价还价

土地补偿金是农民失去土地后收到的损失补偿的资金。原则上，农户接受征地的参与性约束条件就是农地补偿金额高于城市化成本和农地收入损失之和。只要符合这个条件，那么失地农民就不会引发为社会问题。在我国，土地征收是失地农民的主要原因，土地补偿金就是征地补偿金。地方政府垄断了农地转化为非农用地的土地开发权，剥夺集体土地所有者的土地发展权（黄祖辉、汪晖，2002）。土地征用市场是农地转化为非农用地，集体土地转化为国有用地的买方垄断市场。由于土地征收行为的行政强制性和市场厚度不足，市场定价机制严重扭曲，蜕化

为农民和地方政府围绕土地补偿金的讨价还价。农户没有退出非公益性被征地的自由，一旦地方政府提出征地要约，农户被强制性放弃土地产权，要么选择合作并接受地方政府拟定的补偿标准，要么采取上访、上诉等方式与地方政府讨价还价。若是农户选择不合作，地方政府要么选择接受农户的要求，给予相应补偿；要么参与讨价还价；要么选择直接退出土地征收。讨价还价均衡结果取决于各自的讨价还价能力和讨价还价支出。

为了补偿金额的最大化，农户会通过找"关系"、越级上访、引起媒体介入监督等方式提高自身讨价还价能力。地方政府会利用包括非经济力量的各种资源来实现取得土地成本的最小化，降低农户的谈判能力，提高农户的谈判成本，比如限制农村结社、游行、示威自由，增加农户上访成本。降低农户讨价还价能力最根本的方式是稀释农民土地产权，在法律上模糊农民的产权界定，阻止农民土地产权朝私有化方向发展（雷震等，2006）。农村土地产权不明晰，土地承包经营权缺乏排他性，使得农民缺乏维权的自我激励和必要的法律支持，而土地制度对农地产权的不当限制直接侵害了农民权益（冀县卿、钱忠好，2007）。

整体上，农户谈判能力是比较弱的，存在谈判的成本过高甚至大于收益，只好放弃谈判的可能。据调查，有45%的受访者表示面对强拆会选择"忍耐"，理由是"现在社会是官官相护，而自己没有强硬的社会关系网，文化水平又不高，所以没有能力与地方政府抗衡"，还有15%的选择"誓死不让拆迁"（林俊荣，2006）。斗争成功的"钉子户"多有"关系"或信息优势，否则难以抗拒来自开发商甚至地方政府的压力（冯玉军，2007）。由此看来，地方政府与农户谈判能力上的不对称导致部分农民被迫接受地方政府单方面拟定的补偿金，从而使农地升值分配结构严重失衡，农民一般只能得到5%~10%（李杰，2011）[①]，大部分被地方政府和开发商取得。

当前计划经济遗留下来的土地补偿标准强调统一性，有可能损害了

---

① 类似调查有：温铁军等（1996）发现农民只得5%~10%，村集体得25%~30%，60%~70%为政府得；沈飞等（2004）发现政府获得的收益是产权主体收益的17.2~17.4倍；王小映等（2006）发现了区域差异，如江苏昆山15.6、安徽桐城15.9、成都28.5；廖洪乐（2007）发现不同农地类型的比例有差异，比如浙江某市商业开发用地，若来源为农业用地则政府所得是农民集体所得的38.6倍，集体建设用地则98倍，未利用土地则196.9倍等。

部分农民的参与性约束条件。首先,不能解决差异性的土地补偿需求问题,必然导致有些农户的农地收入损失得不到足额补偿,比如祖坟、祖宅、高产农田等特殊的财产。其次,当前补偿金额标准是按照农地收入计算,忽视了城市化的成本。于是普遍存在农户参与性约束条件不满足的情形,失地农户难以在城市实现再生产,被迫选择同地方政府讨价还价。在当前巨额土地财政收入诱惑下,地方政府不会轻易退出征地,最后的结局只会是地方政府和农户之间的残酷斗争。当前较低的补偿标准使得这种斗争均衡具有普遍性。

这种讨价还价导致了严重的效率损失和公平争议。因为土地补偿标准忽略了失地农民的差异性的农地收入损失和城市化成本。农户采取一些策略性行为,以避免或抵制在现行土地征收制度下出让土地,于是农地城市化流转的规模不是取决于土地本身的机会成本和收益,而是地方政府和农户的讨价还价能力,无法实现最优。同时,农户与地方政府用于谈判的支出急剧上升,尽管可能增加谈判双方某一方的净收益,但总是一种交易成本,减少了社会的总福利。另外,由于缺乏土地增值收益分配的客观标准,有的农户会采取不断上访和诉讼等方式,无底线地争取土地权益,导致长期维稳成本急剧上升,降低了政府的合法性。有的农户甚至选择报复社会,对社会的稳定和谐十分有害。这也是中国失地农民现象演变为失地农民问题的原因。解决这个困境的一个出路就在于恢复居民的退出权,那么市场均衡就不会主要取斗争的形态,而是主要取合作的形态或一方的退出,因而可减缓当前正在蔓延的讨价还价困境。

四、没有退出权的"进城":人力资本差异与城市贫民化

城市化是一个人口、资本和土地等多种要素通过集聚而产生更大经济效益的过程,要求基于各个要素的自愿参与,相互匹配,相互适应,才能在最大化发挥城市集聚效应的同时,每一种要素都从中获得增益。然而,"被城市化"是一次性的行政强制的城市化,忽略了要素匹配必须获得比匹配之前收益更大的要求。强行的匹配尤其体现在忽视了城乡居民在人力资本上的差异性和积累条件的差异性,引致了一系列不利于

城市化良性循环的社会问题。

首先，城乡人力资本差异。在长期二元经济体制下，城乡人力资本不仅存在由于分工导致的异质性，更面临由于长期教育资源分配失衡导致的鸿沟。"被城市化"的失地农民必须在短时间内凭借既有的人力资本适应新的城市生活。缺乏城市生存能力的农户进入城市后可能难以找到适合的工作，更因生活支出增加而返贫。对他们而言，城市化往往蜕变为城市贫民化。有一例调查发现，在 2 942 个失地农户中共有 7 187 名劳动力，2.7%在征地时安置就业，24.8%外出务工，27.3%经营非农产业，25.2%从事农业，20%赋闲在家（韩俊，2005）。

其次，农民间人力资本的差异。农民之间人力资本差异性在城市化问题上最需要关注的是适应城市的能力，体现为非农收入在家庭总收入中的比例。非农收入占比与农户土地流转意愿之间的正相关十分显著。非农收入比例高的农户对农地的依赖程度低，更能适应城市的生活，往往主动接受"被城市化"，而非农收入比例低的农户则对土地征收采取谨慎态度，并希望解决征地后的就业问题（王昉、熊金武、韩玉，2010）。当前的补偿制度按照统一标准给予一笔土地补偿，然后强迫他们进入城市。这忽视了农民间人力资本的差异性和积累过程，导致有些人力资本不足的家庭被迫进入城市求生，陷入"种田无地，就业无能，低保无份"的"三无"境地。所以，"被城市化"的失地农民也是几家欢喜几家愁。

另外，当前制度限制城市居民自由回到农村。一旦农户取得城市户籍，就不能再拥有农村户籍，不能退出城市重新做农民。城市是只能进不许出的。[1]然而，农民的城市化是存在风险和不确定性的，也是一个自我选择和淘汰的过程。一定有农户不能适应城市的生活，只能选择回到农村。单行道式的"被城市化"导致城市人力资本配置低效率，由于以下的原因，最终由城市和失地农民来承担这个效率损失。

首先，对于失地农民而言，城乡人力资本差异只能通过征地补偿来弥补。如果补偿不能实现弥补城市化成本，那么失地农民的"被城市

---

[1] 退出城市回到农村的自由还有利于打破城乡割据，实现土地和人口的自由流动，一方面让城市的资本和人才向农村流动，另一方面加快郊区城镇化，实现农村居民凭借土地资本进入城市，缩小城乡差距。

化"就成为城市贫民化。当前按照土地产值计算的补偿金绝对不足够支付人力资本匮乏的失地农民的城市化成本。很多失地农民难以适应城市就业竞争压力，只能运用原有的农业生产技术谋生，回到更加偏远的农村租种产权极不稳定的农地。在一些城市新区，常见老农遍地开荒种菜，每日鸡鸣之声此起彼伏。同时，失地农民一旦进入城市，那么生活标准的参照系就会发生变化。对比于既有的城市居民，失地农民极易产生被剥削感，引发新的社会问题（张海波、童星，2006）。如果失地农民失去了对农地的依恋，不再自认为农民，那么就成为缺乏生存技能的城市贫民，而城市贫民问题远比失地农民问题要复杂得多。到时候，再想让他们自愿回到农村，从事农业却已经不可能，因为他们的人力资本已经不适应农业生产了，就如同当年让城市知识青年上山下乡一样。

其次，对于城市发展而言，"被城市化"的失地农民成为负担。因为城市不仅需要承担农民的农地收入损失，还需要为"城市贫民化"的部分失地农户提供长期的社会保障，直到他们具有足够的人力资本。然而他们本来可以自食其力。只要打破"被城市化"困局，恢复农户有异地农村安置的自由，[①]就能大幅降低失地农民的安置成本；恢复农民退出城市的自由，就可以消除城市不必要的社保负担。否则这些费用最后都需要由既有城市居民和其他待城市化农民来承担。也就是说，当前土地制度承担了不必要的郊区农户城市化的责任，却提高了更大多数的外地农民进入城市的门槛。在这种机制下，"被城市化"的人口是少数，而更多主动愿意进入城市的农户却被拒之门外，导致了过去30多年郊区农民和土地的城市化比较快，但是没有伴随的整个国家人口和社会的城市化，违背了城市化的真谛——吸收农村居民进入城市，使其不仅能在城市自由工作谋生，更需要具备在城市环境下完成自身再生产并能融入城市生活的能力。

五、恢复退出权，走市场导向型城市化道路

在当前户籍制度和土地制度下，中国城市化道路是政府行政主导

---

① 恢复农民异地安置的自由是指农民失去农地后，具有在其他农村地区取得农地的自由，而不必只能进入城市。在其他地区取得农地不是对土地的又一次行政性剥夺和再分配，而是应通过土地产权市场，有偿取得土地使用权或所有权。

的，否定了人口城市化的自愿和双向流动性，农民工"被非城市化"，失地农民"被城市化"，城市居民永远"被非农化"。唯有实施彻底的土地改革和户籍改革，将农民从土地上再次解放出来，实现土地和人口的城乡自由流动，才能真正解决失地农民的问题。首先，严格界定公益性和经营性建设用地，缩小征地范围，降低被迫失去土地的农民规模。其次，允许农民参与土地城市化进城，分享城市化中土地增值收益，打破土地征收补偿下的零和博弈困境。再次，保证农民的"进退自由"。既然农业合作化的"进退自由"已经被十七届三中全会《中共中央关于推进农村改革发展若干重大问题决定》所肯定，那么城市化中的"进退自由"也应该被肯定。

大规模"被城市化"近似于一种新的人民公社化运动，避免重蹈覆辙就需要保证农民城市化中的"进退自由"，关键就在于恢复四个"退出权"，即从集体土地制度中携带土地退出的权利；从非公益性征地中退出、继续做农民的权利；从被城市化中退出、异地购置土地继续做农民的权利；从城市中退出重新回农村生活的权利。这不仅可以提高农户的讨价还价能力，更能保证城乡土地的自由而平等地流通，实现农地城市化的市场化运作和城乡土地流转的一体化，避免当前困局。当然，财产所有权是自由选择权的保证。恢复退出权根本依赖于土地产权制度改革，即明晰土地产权，实现土地产权多元化。另外，政府应加大对农村教育资源的投入，缩小城乡人力资本差距，以及强化新增城市人口的培训，否则城市贫民化危机将不可避免。

总之，城市化是今后中国经济增长的主要动力，更是中国止经历的最大的社会变迁，不仅需要允许土地产权多元化，保证农户的退出权，纠正当前"被城市化"面临的效率损失和公平争议，更需要提高农户人力资本，避免可能的城市贫民化危机，进而实现人口和土地资源的市场配置，走高效的市场导向型城市化道路。

第二节　城市化中的贫民化现象与贫民化陷阱

城镇化能够让人口、资本和土地等多种要素集聚，并且每一种要素获得城市集聚效应的收益。但是，这个过程不是一蹴而就的。世界其他国家的历史经验表明，城市化也是一种痛苦的历练。对于每个居民，城市化对人的素质提出了新的要求，农村居民进入城市就需要迎接这种挑战。对于中国而言，农民工和失地农民都处于一种非自愿的强制性的城镇化洪流中，那么从人力资本角度上看，他们也不得不面临城市化对人力资本的考验。其中，贫民化是最值得考察的。

农民工是农民转化为城市居民的一个中间环节。农民转变为城市居民是市民化的重要内容，而这个转变不仅是称呼、身份、收入等的转变，更关键的是人力资本的转变。只有具备适应城市发展需要的人力资本，才能融入城市，站稳脚跟，实现市民化。农民工进入城市区域从事非农工作就可以积累相应的人力资本。如果农民工能够在城市工作，那么根据显示性原理，农民工已经具备了城市需要的人力资本。但是由于农民工不能进入城市定居，所以这种人力资本转型是低效率的。首先，农民工的高流动性难以形成专业化的人力资本和技能。农民工职业变更比较大，往往会从事多种职业，不利于专业分工，难以形成娴熟技工。年轻农民工更换工作单位和职业频率偏高。其次，农民工由于面临城市的各种排斥，命运有高度的不确定性。农民工在城市难以养老，最终只能回到农村养老，所以缺乏强化人力资本积累的积极性。农民工将自己作为城市工作的过客，而不是专业技术人员。再次，农民工职业训练缺乏专门的体系，也没有技术评定体系，不利于人力资本的积累。最后，农民工子女难以接受现代化教育，对城市文明的了解甚至可能低于城市"贫民窟"的孩子，不利于人力资本积累。所以，农民工人力资本积累是低效率的，甚至存在普遍的人力资本浪费。这不仅造成了经济上的低效率，也影响了农民进入城市的能力。所以，"被非城市化"的制度阻碍了农民的人力资本积累，延缓了城镇化进程。另外，农民工人力资本的差异性也影响了农民工城镇化意愿。那些具有城市生活工作能力的农民工愿意携带家属进入城市，而缺乏人力资本的农民则偏向回到农村，从事自己所擅长的生产工作。既有制度限制了农民工进入城市定居的自由，"一刀切"地将农民工排斥在城市之外，不利于中国长期的社会经济发展。"我们所进行农村剩余劳动力转移在总体上仍未脱离'离乡不离土'的模式"，"无论从农村市场化建设的角度看，还是从市场经济发展和实现现代化的要求看，取消在计划经济体制下形成的从人们出生之日起就分成非农业人口和农业人口两种不同身份的户籍制度，是历史发展的必然趋势"，需要"大胆进行户籍制度改革，坚决剔除黏附在户籍关系上的种种社会经济差别，彻底消除由户籍制度造成的城乡劳动力市场的分割"（习近平，2001）。

失地农民的"被城市化"困境主要体现在"失地"阶段土地补偿金额的讨价还价和"进城"后"城市贫民化"。需要再次强调的是，失地农民"被城市化"忽略了城乡居民人力资本、社会资本、财产等方面的差异性和积累条件。第一，需要失地农民长期积累人力资本、社会资本和财产，才能弥合城乡之间的人力资本差异。大部分失地农民缺乏在城市生活的经验和技能，更没有相关的人力资本，且财产稀缺。虽然农民一旦进入城市，有利于城市生活的人力资本和社会资本就会不断积累，逐步取得更高的非农收入。不过这个过程不是一蹴而就的，很可能需要几代人不断提高才能实现。一项针对 2 942 户失地农户的调查显示，湖北、河南、江苏的调查户中存在收入水平下降的比例约有 56%、83%、33%，福建、陕西、广西的调查户生活水平下降幅度约为 17%、16%、5%。[①]第二，失地农民内部人力资本、社会资本和财产差异，需要差异性对待。非农收入比例高和有城市"关系"的家庭更愿意进入城市，也更有能力进入城市生活发展。2012 年华中师范大学《中国农民经济状况报告》显示，中国农村居民基尼系数在 2011 年已达到 0.3949，正在逼近 0.4 的国际警戒线。收入最低的 20%样本农户，与收入最高的 20%样本农户的收入差距有 10.19 倍。西南财经大学《中国家庭金融调查报告（2012）》计算农村家庭内部的基尼系数为 0.60，高于城镇家庭内部的基尼系数 0.56。国家卫生计生委《中国家庭发展报告（2015）》发现收入最多的 20%的家庭和收入最少的 20%的家庭相差 19 倍左右，农村家庭间收入不均程度大于城镇家庭。总之，随着非农收入水平提高，农民适应城市的能力也增强，也就更加适应城市的生活，但是真正融入城

---

① 韩俊 . 失地农民的就业和社会保障[N]. 中国经济时报，2005-06-24.

市是一个漫长的发展变化过程。如果忽视人力资本、社会资本和财产差异，穷困的农民不能适应，将会陷入城市贫民化陷阱。

人力资本、社会资本和财产的高低与农民城市化意愿和水平密切相关。真正促使农村劳动力转移的是劳动力的"能力"（李勋来、李国平，2005）。只要具有足够的"能力"，农民工就应该进入城市，实行市民化的转变；只有具有足够的"能力"，失地农民才能进入城市后健康发展。在长期二元经济结构下，城乡人力资本的巨大差距导致农民缺乏足够的财产支付其高水平城镇化的成本，只能选择较低的城市生活水平。于是，新增城市居民很可能沦为城市贫民，"只许进不许出"的城镇化构成了城乡要素的单向流动，不利于要素优化配置，将陷入双重危机。

一是城市贫民化陷阱。因为不是每个农村居民能够顺利地完成城镇化，这部分居民最优选择也许是回到农业、农村。退回农村从事擅长的农业生产是符合分工效率的，也能降低城市人口承担压力。就人力资本而言，"被城市化"和"被非城市化"的强制性城市化忽略了人力资本的差异性和人力资本积累的条件。强制性地使大量失地农民短期进入城市并不能再退出城市，不仅浪费对务农来说十分有用的人力资本，导致部分非农人力资本缺乏的农民沦为城市贫民，更让城市承担了不必要的责任，抬高了其他非失地的农民进入城市的门槛；农民工被强制性地不进入城市，不仅浪费了人力资本，更让大多数农民不能进入城市分享现代化成果，加剧城乡收入差距。所以，退出城市的自由是城市贫民的一个重要出路——退回农村。

二是乡村贫民化陷阱。因为如果城镇化成为农村人才、资本、技术等生产要素进入城市的过程，农业部门得不到足够的资本和劳动力，那么农业现代化不能实现。留守在农村的只会是最需要进入城市接受救济的贫困农民，农村更加贫困，演化出严重的乡村危机。

另外，如果城市资本进入农村，农民可以将自己的土地和其他资产转变为资本，支付高额的城镇化成本，那么就可以缓解城市贫民化危机。

所以，恢复城乡要素流动的自由是提高城镇化效率的必然要求，而加大农村人力资本投入，提高农民人力资本和财产性收入是避免大规模城市化导致城市贫民化的根本出路。如果"单行道式"的城镇化模式不改变，必然引致大规模的城市贫民化和乡村贫困化的双重贫民化陷阱，那将是中国社会和经济危机的大陷阱，不仅难以跳出中等收入陷阱，更是影响长治久安，贻害无穷。

新型城镇化要求恢复进入城市的自由、退出城市化的自由和退出城市的自由。中国城镇化道路是政府行政主导的，否定了人口城镇化的自愿和双向流动性，农民工"被非城市化"，失地农民"被城市化"，城市居民永远"被非农化"。唯有实施彻底的土地改革和户籍改革，将农民从土地上再次解放出来，实现土地和人口的城乡自由流动和平等交换，才能真正解决"三农"问题，规避城市贫民化和乡村贫困化的双重贫民化陷阱，走新型城镇化道路。首先，恢复农民自愿进入城市的自由，让农民能够与城市居民同等享受基本公共服务，分享现代化成果。其次，恢复农民退出城市化和退出城市的自由，关键就在于恢复四个"退出权"。这不仅可以增强农户取得土地增值收益的议价能力，还能让农户成为城乡要素流动中自由的主体，保证城乡要素的双向自由流通和市场化配置，达到城乡要素平等交换，真正打破二元结构，实现城乡一体化。

总之，城镇化是今后中国经济增长的主要动力，更是中国正经历的最大的社会变迁，不仅需要实现农民自由进入城市，还需要纠正当前"被强制性"城市化面临的效率损失和公平争议，保证进入城市的自由、退出城市化的自由和退出城市的自由，实现人城乡要素双向流转和市场配置，走市场导向的新型城镇化道路。

第三节　新增城市居民养老困局与对策：以失地农民为核心[①]

新增城市居民养老是以人为核心的新型城镇化道路要解决的必然任

① 本小节的核心内容借鉴于本书作者与上海实业集团综合研究院徐庆博士和美国克莱姆森大学黄义衡博士合作的研究成果。

务。失地农民是在大规模土地征收中出现的"被城市化"人群，以中老年人居多，既缺乏城镇居民的社会保障，也不享有农村的土地保障，体现了新增城市居民的养老问题。在中国当前社会养老保险金供需严重失衡的背景下，解决失地农民养老问题要求完善土地市场和金融制度，完善土地增值收益长期分享机制，让失地农民利用土地和房产收入扭转养老困局，并通过强化教育以提高农民人力资本，恢复农村居民退出城市化和退出城市的自由以降低农民养老风险。失地农民养老问题的解决能够为新型城镇化下新增城市居民养老体系创新提供借鉴。

养老体系是社会保障制度的基本构成部分，也是中国共产党十八届三中全会《中共中央关于全面深化改革若干重大问题的决定》的重要内容。在计划经济体制下，中国社会经济被割裂为城乡两个部分，养老体系也呈现城乡二元结构，农村以家庭养老为主，城市采取社会养老模式。经过 30 多年改革开放，中国城市化进程加快，城市化人口规模剧增，推动着中国养老体系的改革和完善。2009 年中国启动新型农村居民养老保险试点，2011 年 7 月启动城镇居民社会养老保险试点，社会养老保险覆盖面不断扩大。由于中国目前实行现收现付的养老保险制度，在人口出生率下降和人口老龄化趋势加快的背景下，社会养老保险金收支严重失衡。《中国养老金发展报告 2013》显示，全国基本养老保险参保人数的增加幅度正在放缓，22 个省份的养老保险基金收入增速下滑，城镇职工基本养老保险个人账户空账继续扩大，超过了 2.6 万亿元（郑秉文，2013）。养老保险金缺口成为社会关注的热点问题，"延迟退休"、"以房养老"等一系列方案也成为理论界研究重点。与农村村民和城镇原有居民相比，城市化进程中新进入城市的农村居民，特别是失地农民，既缺乏城镇居民社会养老保险的有效保障[①]，也不享有农村的土地保障，养老面临更大的问题。不妥善解决他们的养老问题，将会形成严重的社会问题。

失地农民是中国过去 30 多年政府主导的城市化模式下典型的新增

[①] 在土地征收过程中，各地政府也采取了一些措施解决失地农民的养老问题，特别是2011 年城镇居民社会养老保险试点之后。在一些地区，如果失地农民补交历年养老保险缴纳费用，即可享受城镇最低养老保险。但对于失地农民而言，由于其收入有限，补交金额是一笔巨大的支出，同时城镇最低养老保险的保障功能也有限。

城市居民，也是中国城市化进程中最具有代表性且问题最集中的人群，更是在新型城镇化建设中需要解决的半城市化人群。失地农民的规模庞大，如果至2030年中国完成70%的城市化率目标，失地农民累计将达1.1亿，其中5千万人以上将陷入种田无地、就业无岗、低保无份的困境。因此，面对社会养老保险金供需严重失衡的现状，这一小节以"失地农民"为核心，分析"被城市化"的失地农民的养老困局，在社会养老保险的基础上探讨其他的可行对策，试图扭转现有失地农民的养老困局，同时为"新型城镇化"进程中未来城市新增居民养老问题的解决提供可能的应对措施。

一、城市化中养老问题不容忽视

今日中国的失地农民问题核心不仅是失地，更是自愿或被迫进城的问题（李勋来、李国平，2005）。中国传统社会中流民与现代失地农民接近，但是流民也是基本在农村生存。在当前集体土地所有制度下也存在大量农村居民没有土地承包权，但是这种"失地"并没有引起突出的社会矛盾，可见，失地农民问题离不开城市化和工业化的大背景。所以，"失地农民"特指一种处于过渡状态的边缘群体，即刚刚放弃耕地进入城市，却仍以农民作为自我认同或被社会制度判定为农民的城市居民，其有别于农民与城市原有居民，是"被城市化"的结果。需要指出的是，现实中，有很多农户主动愿意放弃农地产权，不过，被迫失去土地却是中国的常态。因为土地征收制度是农地转化为城市建设用地的唯一途径，土地征收带有行政强制性。一旦被纳入土地征收范围，农户只能被迫放弃农地进入城市。所以，无论农民意愿如何，征地过程都代表了一种强制性，农民只能被动接受。如果不能妥善解决失地农民的养老保障，将造成严重的社会问题。据国务院发展研究中心课题组的调查，66%的农民上访是由土地问题引起的，其中的60.6%是由土地征收引发的（李杰，2011）。

失地农民多是土地征收过程中产生的，是中国独特制度环境的产物，国外现有的研究缺乏直接参考性，国内对失地农民的研究，目前主要集中在土地征收制度与农民权益的补偿（黄祖辉、汪晖，2002；李勋来、李国平，2005；宋全成，2009）、家庭联产承包责任制的完善与退出权（文贯中，2008）、失地农民的"退出权"与贫困化问题（熊金武，2013）。涉及失地农民养老问题的研究大体可分为三类。第一类是调查研究，调查失地农民的收入、就业、失地农民社会保障意愿等（周海珍，2006；常伟等，2012）。第二类从制度构建的角度探讨失地农民社会养老保险体系构建的必要性与途径（史先锋、曾贤贵，2007；陆安，2008；宋明岷，2010；曹雷，2013），通过将失地农民纳入社会养老保险体系来解决其养老问题，探讨通过"福利诱导型储蓄积累模式"（宋明岷，2009）、"土地换保障"模式（张士斌，2010）以及农民退休制度（温乐平、程宇昌，2009）等方式完善失地农民社会养老保险体系。第三类分析了失地农民养老保险制度建设中的政府职责（陈士林，2010；温乐平，2010）。

不过，对失地农民养老问题的现有研究中主要存在两个改进空间。一方面，已有研究缺乏从"被城市化"的视角分析失地农民的养老困境，对"失地农民"的关注点更多在其农民身份上。与"民工潮"的"主动型城市化"和现实中存在大量农民愿意城市化相对应，失地农民的"被动型城市化"（张海波、童星，2006）造成了失地农民在养老问题上进退两难的尴尬境地，土地用途转换过程中增值收益分配的不合理和"退出权"的丧失使得这种强制性成为分析问题的关键。"非自愿性"（宋全成，2009）有利于描述部分失地农民不愿意进入城市的主观意愿。另一方面，现有解决失地农民养老问题的思路以将失地农民纳入社会养老保险体系为主，甚至将失地农民作为统筹城乡社会基本养老保险体系的突破口（卢海元，2007）。虽然构建城乡统一的社会养老保险体系是中国社会保障体系改革的最终方向，但在当前社会养老保险金供需失衡的现实条件下，面对通货膨胀压力，如果失地农民养老问题仅依靠社会基本养老保险体系来解决，将不具备现实意义，缺乏可操作性。

因此，这一小节在社会养老保险金供需严重失衡的背景下，从"被城市化"的视角出发，分析失地农民在收入、生活成本、文化习俗等方面面临的养老困局，在社会养老保险的基础上探讨"退出权"、"土地增益分享机制"、"房产养老"等其他可行的对策，力求为新型城镇化进程中城镇新增居民养老问题的解决提供可借鉴的思路。

二、"被城市化"的失地农民的养老困局

养老问题的实质是个人收入在其一生的平滑分配。2014 年中国城镇居民人均可支配收入为 28 844 元，农村居民人均纯收入 10 489 元。与城市居民相比，农民的收入虽然有较大差距，但其生活成本和养老费用也相应较低，家庭养老是农村养老的基本模式。在城市化进程中，农民主动进城，因为身份的转变导致收入与养老成本的同时提高是世界各国的普遍现象。但是，中国失地农民在土地被征用的强制性城市化过程中，在养老问题上处于"旧者已去，新者未立"的空白期。在社会养老保险金巨大缺口的背景下，"被城市化"的强制性引发的种种问题使其陷入巨大的困境。

（一）"退出权"缺乏下的养老成本提高

在现行的土地制度和户籍制度下，失地农民面临"被城市化"困境。这种僵化的制度产生了失去农地、取得城市户籍但远未实现市民化的失地农民。失地农民没有保留农村户籍、退出城市化的自由，也没有退出城市、回到农村的自由。退出权不仅有助于合约的自我实现，解决搭便车问题，也是实现要素自由流通、经济主体自我选择的必要条件。农民的城镇化存在风险，是一个自我选择和淘汰的过程，必然有农户不能适应城市的生活，只能选择回到农村。退回农村不仅可以让农民恢复长期习惯的生活方式，而且具有生产效率，因为从事擅长的农业生产，符合分工理论，也能降低城市承担的社会保障等各方面压力。同时，农村生活成本较低，农民倚靠自给自足的生产方式与家庭养老基本能够解决养老问题。城市中交通、食品、服装、娱乐等高昂的生活成本与养老成本给失地农民造成了沉重的负担。"退出权"的丧失使得失地农民陷入"贫困化陷阱"而不能自救，构成了其养老问题解决的制度障碍。

（二）"人力资本"匮乏下的收入降低

农村决定是否进入城市的重要依据是劳动能力，所以人力资本的高低与农民城市化密切相关。由于长期教育资源分配失衡，我国城乡人力资本存在巨大的鸿沟。虽然农民进入城市后，人力资本会不断积累，逐

步取得更高的非农收入，但是可能需要几代人的努力才能够实现与既有城市居民同等的人力资本水平。失地农民的"被城市化"是一次性的行政强制的城市化。人力资本的匮乏导致失地农民进入城市后可能难以找到适合的工作，使得其收入水平相对乃至绝对下降。人力资本匮乏下收入水平的下降增加了失地农民养老的难度。

（三）土地强制征收下的增值收益分配不均

土地是农民最重要的财产，也是农民城市化中最重要的可能资金来源。《中华人民共和国土地管理法》规定"任何单位和个人不得侵占、买卖或者以其他形式非法转让土地"，"国家为了公共利益的需要，可以依法对土地实行征收或者征用并给予补偿"。地方政府垄断了农地用途转换的开发权，进一步剥夺农地集体所有权，形成了最大规模的"国进民退"。由于土地征收行为的行政强制性，土地定价机制严重扭曲，虽然存在少量农户通过拆迁"一夜暴富"的现象，但更多时候，按照土地产值计算的补偿金不足以补偿失地农民的城市化成本，土地征收后的安置补助费用偏低。此外，农民不能参与农地非农化后的增值收益分配，一般情况下土地补偿金额是一次性的（温铁军等，1996；黄季焜等，2008）。在土地征收过程中，中央强调将失地农民纳入社会养老保险体系，采用"不保不征"的原则，但目前一些地区目前并没有实现"即征即保"，失地农民的养老保险也通常低微。以江苏省泰州市海陵区为例，失地农民（女55岁，男60岁以上）每月只能领取233元的养老金，2009年在粮、油、穿、医等方面的平均消费只有2 000元左右，生活艰难（侯玮薇，2012）。2013年3月，中国广义货币M2达103.61万亿元，10年间增长了约6倍。在高通胀预期下，土地增值收益分享机制的缺失加大了失地农民未来养老的风险。

（四）金融制度与配套服务的不健全

当前城市化进程中，农民土地被征收后，各地政府对失地农民一般会提供安置房，但对安置房未来交易的产权过户有诸多的限制，增加了失地农民房产转让的交易成本，降低其变现能力，使得失地农民"以房养老"具有更难的操作性。金融配置制度的不健全减少了失地农民养老的途径。此外，养老问题虽然更多表现为金融问题，但养老的服务设施与服务质量也影响了老年人的生活质量。地方政府在征地后安置失地农民时，出于对安置成本的考虑，失地农民的安置房多处于城郊或者偏远地区，生活配套设施并不齐全，失地农民也缺乏自主选择的权利。老年人行动能力不便，身体机能下降，医疗、交通和生活设施的缺乏降低了失地农民的生活质量，给其养老问题的解决增添了额外的不便。这些配置服务降低了居民养老生活质量，也降低了居民安置房的市场价值，难以"以房养老"。

（五）身份强制转换下的认知失调

养老问题是城市化中市民化的重要内容。城市以城镇居民为主体，生活方式以非人格化的市场交易为主，养老主要依靠社会养老保险模式，城市生活方式与传统社会具有较大的差异性。在被强制城市化的进程中，失地农民不仅仅是身份的转换，更是生活方式与文化习俗的改变。鉴于被城市化的失地农民以中老年人居多，观念、习俗等非正式制度的变革对老年人而言需要更大的成本。传统农业社会"养儿防老"向市场经济下"资产养老"的强制性过渡，导致失地农民在身份强制转换时认知失调，增加了其焦虑感，使得失地农民养老问题更加复杂。

三、失地农民养老机制创新浅析

失地农民是中国快速城市化的产物，尤其以中老年人居多。随着中国城镇化的发展与人口的老龄化，失地农民养老陷入生活成本上升与收入水平下降的双重困境，问题会更加突出。打破二元经济结构，实现社会养老保险体系的完善与基本公共服务的无差异覆盖是失地农民养老问题解决的基本前提，但是在当前全国城镇职工基本养老保险金供需失衡的严峻现实面前，探索其他可行的措施，有助于失地农民养老问题的解决和"中国梦"的实现。

（一）恢复"自由退出权"是解决失地农民养老问题的制度保证

城市化是人口、资本和土地等多种要素集聚的过程，也是一个自我选择和淘汰的过程。只有各种要素的自愿参与、相互匹配，才能够使其在城市化进程中获得增益。在当前户籍制度和土地制度下，中国城市化以政府为主导，农民丧失了退出城市化和被城市化后退出城市的自由退出权（熊金武，2013）。在被城市化之后，必然有一部分失地农民无法承担城市高昂的生活成本与养老成本，陷入"城市贫民化"陷阱。给予失地农民"自由退出权"，恢复失地农民在异地农村安置的自由，一方面能够有效防止新的失地农民的产生，避免城市贫民化，另一方面有助于现有失地农民个人养老问题的解决，缓解城镇社会养老保险体系的资金缺口压力。此外，自由退出权还能够减缓身份强制转换对失地农民的冲击，减缓失地农民的心理焦虑感。自由退出权能够有效降低失地农民养老问题的压力。

（二）人力资本的提升是解决失地农民养老问题的根本出路

被强制城市化的失地农民以中老年人为主，一部分老年人当前直接面临养老困难，其余部分失地农民被城市化后无法在城市中立足、未来养老面临困难的关键在于其人力资本的缺失，无法满足城市的需要，缺乏收入来源。只有具有足够的人力资本，失地农民才能进入城市后健康发展。城镇化是中国经济增长的巨大引擎和扩大内需的最大潜力（李克强，2012），也是经济未来发展的方向。如果说"自由退出权"能够使得失地农民通过多样化的选择规避城市养老风险，那么人力资本的提升则是应对被城市化后养老问题的积极手段。只有适应城市的需要，才能够真正实现"城市让生活更美好"。在中国城市化进程中，在今后一段时间内，失地农民仍将持续出现。因此，一方面，对现有失地农民，各地方政府应该帮助其人力资本的提升，使其掌握城市生存的技能，提高其收入水平；另一方面，农民的知识资本和健康资本投资对农民生产具有正作用（张银、李艳萍，2010），政府应该扭转城乡教育资源的现有差距，加大对农民人力资本特别是知识资本的投资力度，提高农民人力资本是避免大规模城市化导致城市贫民化、解决未来的失地农民养老问题的根本出路。

（三）土地增值收益分享机制是解决失地农民养老问题的关键

对于失地农民而言，生活成本的上升与收入的相对降低是其陷入养老困境的直接原因。人力资本的差异性导致失地农民收入降低，积累条件的差异性加重了失地农民的生活成本和养老压力。根据西南财经大学《中国家庭金融调查报告》，至 2011 年 8 月，中国城市家庭资产平均为

247.60万元，农村家庭资产平均仅为37.70万元（甘犁等，2012）。可见，增加农村居民资产性收入是当务之急。鉴于土地是农民的主要资产，完善农民分享土地增值收益机制就成为重中之重。首先，必须提高土地征收中的补偿金额，满足农户自愿接受征地的参与性约束条件，使得失地农民在其人力资本提升之前，能够满足养老资金需求，跨越"贫困化陷阱"。其次，农村土地价值的体现要求通过市场机制实现农民土地财产收益的最大化。最后，养老资金需求的长期性要求构建土地增值收益长期分享机制，以便农民能够规避通货膨胀风险，分享持续的土地增值收益，切实提高失地农民的收入流，实现"土地养老"。这是解决失地农民养老问题的关键出路。

（四）资产的市场流通是解决失地农民养老问题的补充

"资产养老"作为社会基本养老保险体系的有益补充，是市场经济条件下养老问题解决的主要模式，也是中国养老模式未来发展的方向。虽然目前"反向抵押贷款"受到中国传统家庭模式下"代际契约"、养老市场发展程度、房产产权、贬值风险等一系列因素的制约（唐旭，2011），但是与城市居民所拥有的金融资产相比，失地农民无论是被城市化前拥有的土地资本，还是被城市化后拥有的房产，在资产定价、资产抵押与市场流通上受到更多的制约，限制了失地农民养老资金的获取渠道。深化金融改革，拓展与失地农民相关的金融资产业务，有利于促进失地农民资产的市场流通，为失地农民养老问题的解决开拓更广阔的资金来源，形成有益的补充。

四、打破被动城市化困局，实行"以地养老"

城镇化是中国千古未有之大变局，将改变传统农业中国的社会经济结构。中国现在已经进入了快速城市化的时期，新型城镇化是中国探索符合中国国情的城镇化道路的方向。鉴于中国老龄化趋势的加剧，如何构建面向新型城镇化的养老体系就成为当务之急。从农村进入城市的新增城市居民养老是以人为核心的新型城镇化的重要内容，不仅关乎农民市民化过程，也关系到中国社会经济的和谐稳定和长期发展。然而，长期二元结构下，城乡居民在人力资本、家庭财产、养老制度等方面都存在巨大差异，新增城市居民养老问题尤其困难。这要求我们努力制度创新，在改革中争取"制度红利"，打造符合中国国情的养老体系升级版和创新版。

通过对失地农民的分析，可以探索新型城镇化下新增城市人口的新型养老体系。因为失地农民是中国新增城市人口中具有代表性的人群，与未来新增城市居民面临相似的社会经济制度环境，更是中国新型城镇化建设中需要解决养老问题的核心人群。强制性的城市化使得失地农民容易陷入贫困化陷阱，面临养老困境。经过分析，我们认为有以下几点建议。首先，社会养老保险体系与基本公共服务的无差异覆盖是解决失地农民养老问题的基本要求。其次，提高新增城市人口的人力资本，提高其收入水平，是解决城市贫民化和养老危机的根本出路。再次，增加新增城市人口的资产性收入是关键出路，包括实现农村土地要素市场流通，提高农民土地补偿标准，构建农民分享土地增值收益的长期机制，以及完善金融制度，实现新增城市人口安置房等资产的市场流通。最后，确保农民退出城市化的自由和退出城市的自由，让农民选择符合其偏好的生活方式和养老方式，能够降低城市的养老负担。失地农民养老问题解决的根本途径是打破现有二元经济结构下的各种要素流动藩篱，实现农村土地和劳动力要素的价值最大化，并在金融市场上转化为长期的可持续的养老资金供给。新型城镇化明确提出以人为核心的城镇化，朝着这个方向迈出了新的一步。只有按照中国共产党十八届三中全会《中共中央关于全面深化改革若干重大问题的决定》精神，实施彻底的土地改革和户籍改革，实现土地和人口的城乡双向自由流动，才能在新型城镇化中真正解决以失地农民为核心的新增城市居民的养老问题。

第四章　城镇化中土地流转机制解析与再设计

为了全面分析土地流转有关机制，可以分别解析"钉子户"、土地征地补偿、农地城市化、城市土地流转等四个方面的问题。"钉子户"已经成为现行土地制度下土地征收和房屋拆迁中矛盾和冲突的集中体现，从经济学的角度分析其形成的机制是完全需要的。土地征收是我国农地城市化的唯一途径，而农地补偿标准在大规模土地城市化浪潮中争论尤多，也值得专门考察。城市土地流转和农地城市化是城市化中土地问题的主要子市场。城镇化中土地流转机制如果选择市场化改革，那么就需要说明过去流转机制的绩效以及市场化机制的比较优势。市场设计理论是主要的分析工具，有利于面向实际经济作出更有效率的配置。

第一节　土地征收中"钉子户"问题的机制解析

"钉子户"本质上是城市土地流转中土地增值收益分配失衡的产物。可以用补偿作为关键变量，构建基于土地开发商和居民构成的完全市场模型，再根据现行土地制度和土地开发的规模经济分别调整模型，分析被动型"钉子户"和主动型"钉子户"两种类型及其形成机制，进而解释"钉子户"现象演变成"钉子户"问题的原因在于有计划经济色彩的土地制度和土地开发中政府利益非中性，并据此提出土地制度改革是解决"钉子户"问题的根本之路。

一、城市化聚光灯下的"钉子户"问题

中国快速的城市化和城市现代化引致了大规模的城市土地需求和土地价值的暴涨。虽然 30 多年来中国城市现代化建设绩效显著，然而农村土地征收和房屋拆迁中矛盾和冲突剧烈，恶性事件不断发生，引起了学界的广泛关注。理论界对土地征收制度有深刻反思，主要强调完善土地征收补偿立法，严格界定公共利益，防止地方政府滥征，加强各个阶段公开化、透明化，提供多元化的纠纷解决方式和法律援助等（冯玉军，2007）。比较多的经济学研究集中于探求土地征用地价合理补偿标准和方法的问题（黄祖辉、汪晖，2002），也有对现行土地征收制度模型化，并对地方政府、农户和厂商行为进行探讨，指出现行土地制度下的非均衡性（雷震、邢祖礼，2006）。也有学者从失地农民的角度讨论当前的土地征收制度，并提出改进意见（陶然、徐志刚，2005）。同时，土地财政视角成为对当前土地征收制度反思的重要视角，已有研究包括估计土地财政的规模（杨圆圆，2010）、考察土地增值收益分配中政府与居民的比例（王小映等，2006）等问题。"钉子户"现象[①]是土地征收和拆迁中引起社会关注的突出现象，也引起了各学科的专门研究，其中有学者试图从博弈论角度对征地过程中"钉子户"现象出现的原因给予解释（骆骋、夏洪胜，2008）。上述研究无疑对土地征收与房屋拆迁中所出现的问题作出了很好的解释，不过"钉子户"问题集中代表了现行土地征收制度下的矛盾和冲突，是分析当前土地制度的一个重要视角，值得进一步讨论。通过对土地开发中有关利益体经济行为模型化，可以从经济学框架内厘清"钉子户"现象产生的经济学原因，进而分析为何"钉子户"作为一种经济现象演变成为社会经济问题，并探求其合理的解决途径。

[①] 在农村税费改革前，"钉子户"是指不缴纳农业税费的农户；在农业税废除后，这个意义上的"钉子户"就已经不存在。美国"钉子户"是指政府公益性土地征用中受到损害的个体。由于中国土地征用制度包括了非公益性征地，所以美国式"钉子户"的定义并不能适用于中国。从宽泛的中国语境上讲，"钉子户"是指不服从集体行为规则的个体，是被集体意志压迫而被视为"钉子"的。文中所指的"钉子户"就是在土地征收和房屋拆迁过程中出现的抵抗行为的个体。

二、"居民－开发商"模型

根据已有研究，假定存在地方政府、开发商、居民三个行为主体。居民通过土地转让以及房屋置换等途径获得生活福利改善，追求征地补偿最大化，开发商追求土地使用权成本最小化，地方政府追求土地出让收益和后续管理收益，而地方官员借用政府名义追求短期政绩和寻租机会（冯玉军，2007）。本部分不讨论土地价格如何确定和土地增值收益如何分配等规范性的分析，将讨论集中于土地增值收益的分配流向，故以土地补偿为关键变量。为了实现模型简化，不对农地征收中的"钉子户"和城市房屋拆迁中的"钉子户"作严格区分，因为征地与拆迁事实上有着相同的行为指向物，故而通称为拥有土地的居民。

（一）居民行为模型

1. 居民经济行为基本假设

该模型的基本假设为：（1）居民是理性人，追求效用最大化。（2）居民的效用函数假定为正且严格拟凹函数，在征收土地期间效用函数稳定。（3）居民收入构成由非农收入和农业收入构成，分别取决于其劳动力构成。（4）居民无论在城市还是在农村生活均存在一个最低生活成本，与家庭人口、年龄有关，且城市居民生活成本大于农村。

据此可以构建居民的效用函数为：

$$U_i = U(C_i)，\quad C_i = f(L1_i, L2_i, x_i) - t_i \tag{4-1}$$

其中：C_i 为第 i 户居民的净收入；$f(L1_i, L2_i, x_i)$ 为单增的收入函数；$L1_i$、$L2_i$ 分别代表第 i 户居民的非农劳动力和农业劳动力；x_i 代表其农地规模；t_i 为其最低生活费用。

当居民放弃农地迁入城市生活后，则新的函数形式为：

$$U'_i = U(C'_i)，\quad C'_i = f(L1_i, L2_i, 0) + S_i - t'_i \tag{4-2}$$

其中：S_i 为农户索取的补贴。

2. 农户转让土地转的参与性约束条件

当且仅当 $U'_i - U_i \geq 0$ 时才会搬迁，所以鉴于消费函数的性质，则有：$C'_i - C_i \geq 0$

$$[f(L1_i, L2_i, 0) + S_i - t'_i] - [f(L1_i, L2_i, x_i) - t_i] \geq 0$$

$$S_i \geq (t'_i - t_i) + [f(L1_i, L2_i, x_i) - f(L1_i, L2_i, 0)] \qquad (4-3)$$

因为，$t'_i \geq t_i$，且 $f(L1_i, L2_i, x_i)$ 为单增函数，因为对于在城乡劳动力自由流动的状态下依然选择留在农村的居民而言，进入城市后其劳动力收入并不会比农村高，至少不能弥补其生活成本。所以农民索取补偿金额 $S_i(x_i) \geq 0$ 且最小值 $S_{i\,min}(x_i)$ 为：

$$S_{i\,min}(x_i) = (t'_i - t_i) + [f(L1_i, L2_i, x_i) - f(L1_i, L2_i, 0)] \qquad (4-4)$$

同时假设 $\hat{S}$ 等于 $S_{i\,min}(x_i)$ 的最大值。

可见，最小补偿金额与城市生活费用和家庭对农业的依赖程度成正比，也就是说家庭农业劳动力越多，农业收入依赖程度越高，城乡生活差距越大，那么最低补偿金额就越高。根据有关调查发现，当原来农村柴、米、油、菜等大宗消费品自给自足小农经济被打破后，进城农户失去家禽、牲畜等副业经济，以及增加饮水、蔬菜等开支，存在因为生活费开支上涨导致生活水平下降的现象（王春超等，2009），生活费成为不愿意放弃土地的农户的主要担心事。

（二）开发商行为模型

1. 开发商经济行为基本假设

开发商是指取得农民土地后实现增值的企业，追求利润最大化。开发商利润（π）表示为：

$$\pi = \psi(X) - \sum_{i=1}^{n} S_i(x_i) \qquad (4-5)$$

其中：$S_i(x_i)$ 为开发商对农户拆迁补偿；$X = \sum_{i=1}^{n} x_i$；$\psi(X)$ 对于 X 一阶导数大于零，二阶导数小于零，且 $\psi(X - x_i) = \psi(X) - \psi(x_i)$。

2. 开发商开发土地的参与性约束条件

开发商选择开发这块土地则至少保证利润会大于等于零，所以：

$$\sum_{i=1}^{n} S_i(x_i) \leq \psi(X) \qquad (4-6)$$

可见，开发商最高给予的补偿标准为：

$$\sum_{i=1}^{n} S_{i\,max}(x_i) = \psi(X) \qquad (4-7)$$

同时假设 $\hat{S}$ 等于 $S_{i\max}(x_i)$ 的最小值。

（三）自由市场经济下土地城市化的流转条件

当 $\sum_{i=1}^{n} S_{i\min}(x_i) > \psi(X)$ 时，居民需要的最低补偿金额之和已经高于土地开发价值，说明此块土地不具备开发价值。只要存在升值空间，开发商会选择与每个居民进行平等议价。每个居民也会选择与开发商分享价值等于 $\psi(X) - \sum_{i=1}^{n} S_{i\min}(x_i)$ 的土地增值收益，完成土地开发，每家居民收入应该以其土地增值额为限度。如果土地面积成为补偿的唯一指标，且等量土地等量补偿，$\sum_{i=1}^{n} S_i(x_i) = S_i\left(\sum_{i=1}^{n} x_i\right)$，那么开发商给予的最高补偿为 $S_{i\max}(x_i) = \dfrac{x_i}{X}\psi(X)$。这种土地开发方式下居民和开发商的利益都得到尊重。具体补偿金额由开发商和居民协商形成，不存在非市场因素的强制性（见图 4-1）。国家可以通过土地增值税和房产税持续性地分享土地增值收益，同时也借税收手段对土地开发加以引导调节。

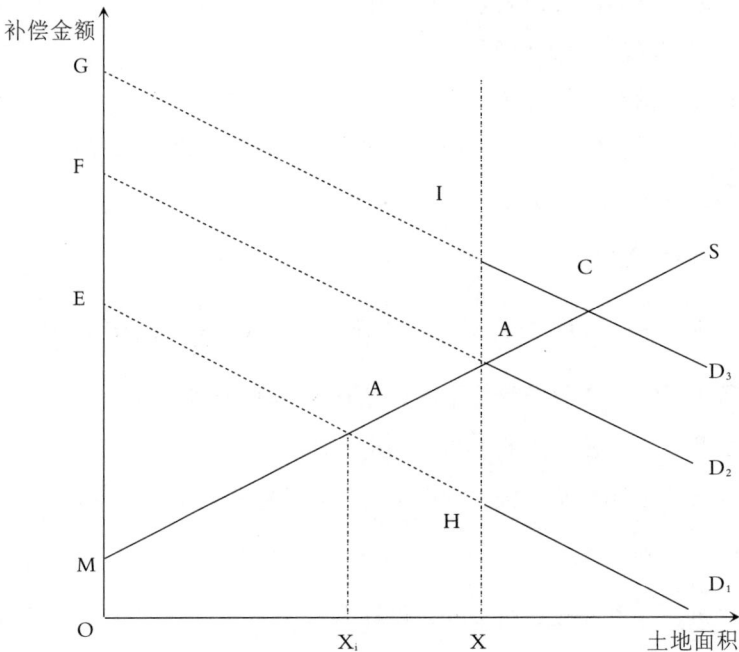

图 4-1　自由市场经济下的土地开发

图 4-1 中，纵轴为补偿金额，横轴为土地面积。斜线 S 表示居民愿意提供的土地面积，即 $\sum_{i=1}^{n} x_i$。补偿金额越高，居民愿意提供的土地就越多，故而 S 曲线的斜率为正。斜线 D_1、D_2、D_3 表示开发商基于补偿的土地需求曲线。基于土地的边际产出递减，土地越多则开发商的边际收益率越低，愿意付出的最高补偿也就越低，故而土地需求曲线斜率为负。对于 D_2、D_3，开发商是肯定愿意开发的。对于 D_1，则只要 AEM 大于 ABH，那么就有开发的可能。不过，单位等额土地的补偿金额可能存在差异，因为这不是完全市场下的边际价格，而是开发商与每个居民定价，相当于若干个价格歧视，开发商可能取得全部剩余，因为居民由于缺乏信息有时难以与开发商进行对抗性议价。

三、"居民-地方政府-开发商"模型与被动型"钉子户"

（一）模型调整

1.地方政府行为模型设定

按照《中华人民共和国土地管理法》，开发商不能与居民自由议价，地方政府在土地开发中居于中间的环节。中国土地征收补偿金额不是按照土地市场价格，而是按照有关规定计算补偿标准的。地方政府通过"招拍挂"市场向开发商转让土地，收取土地转让金。土地转让金与给予居民的土地补偿金的差额归地方政府的财政收入。在"招拍挂"市场下，理论上土地被转让给最具有开发能力的开发商，土地转让金是对土地未来收益的一次性卖断，受到该块土地未来增值率、利率等因素的影响。所以地方政府获得的收入具有不确定性。为了讨论便利，假定土地转让金是土地补偿金的加成，其加成率为 α。

设定政府对居民土地补偿金额为 $\bar{S}(x_i)$，向开发商收取的土地转让金为 $(1+\alpha)\bar{S}(x_i)$。其中 $\bar{S}(x_i)$ 为政府在统一标准下给予农户的补偿，与土地面积正相关，并不完全考虑其他因素，有 $\alpha \geq 0$。

2.开发商行为模型调整

当前土地制度下，开发商不与居民直接联系，其行为模型调整为：

$$\pi = \psi(X) - (1+\alpha)\sum_{i=1}^{n}\bar{S}(x_i) \qquad\qquad (4-8)$$

则此时最高补偿为：

$$\sum_{i=1}^{n}\bar{S}(x_i) \leqslant \frac{\psi(X)}{1+\alpha} \qquad\qquad (4-9)$$

（二）政府管制下的土地流转分析

1. 政府管制下的土地流转条件

此时，土地开发的条件为：

当 $\bar{S}(x_i) \geqslant \hat{S}$ 时，每个居民要求的最低补偿金额都低于地方政府的补偿标准，则每个居民户都会让出土地。

当 $\sum_{i=1}^{n}\bar{S}(x_i) \leqslant \dfrac{\psi(X)}{1+\alpha}$ 时，则开发商会愿意开发这个市场。

不同于自由市场下的土地开发条件 $\psi(X) \geqslant \sum_{i=1}^{n}S_{i\min}(x_i)$，当前土地制度下的土地开发条件被严格化。因为即使 $\dfrac{\psi(X)}{1+\alpha} \geqslant \sum_{i=1}^{n}\bar{S}(x_i) \geqslant \sum_{i=1}^{n}S_{i\min}(x_i)$，只要当 $\bar{S}(x_i) < \hat{S}$ 时，就会有居民不让出土地，使得土地流转效率下降。

2. 政府统一补偿标准下"钉子户"的必然性

为了促进地方经济发展，并受到土地财政的激励，地方政府乐于干预并组织土地开发。即使做不到 $\bar{S}(x_i) \geqslant \hat{S}$，政府也存在强制土地开发的激励，会利用各种资源来实现其土地开发的目的。对于那些 $\bar{S}(x_i) < \hat{S}$ 的居民而言，此时进行土地开发将损害其经济利益。于是受损的居民就可能选择反对拆迁和征收，形成现行土地征收制度下的被动型"钉子户"群体。这是由于当前土地制度补偿标准采取统一单调的方式进行，不能做到根据每个居民户实际情况给予补偿。同时，大多数情况下所有权人对财产的评价是主观的、内向的，比如祖坟、祖宅等具有特殊意义的财产。如果政府根据统一的标准给予补偿，那么就存在不能满足特殊居民利益要求的可能。原因就在于，当前土地征收制度下的统一性和强制性继承于计划经济时代，难以满足居民土地补偿需求的差异性。

3.恶性土地开发

土地开发的基本前提是 $\psi(X) \geqslant \sum_{i=1}^{n} S_{i\min}(x_i)$ ，然而现实生活中却存在打破这个前提的恶性土地开发。只要 $\psi(X)$ 大于农业生产的产值、非农产业能提供预期税收等收益，就可以构成地方政府开发土地的激励，而地方官员也借此追求短期 GDP 政绩和寻租机会（梁若冰，2010）。地方政府行使土地征用权可能超出公共利益范围，不考虑对农民的补偿问题，低价征用土地后卖给开发商，取得用地外延式扩张（陈利根、陈会广，2003）。这样的土地开发模式不仅极大地损害了被征地居民的利益，致使失地农民返贫，而且缺乏土地利用效率，引致大量的土地闲置。一些占地面积很大的住宅区和工厂区就是典型例证。

在图 4-2 中，居民土地补偿金额为 $\bar{S}(x_i)$ ，开发商支付土地转让金为 $(1+\alpha)\bar{S}(x_i)$ ，差额部分由地方政府获得（图中阴影部分）。此时，居民愿意主动提供的土地面积为 $\sum_{i=1}^{m} x_i$ ， $1 \leqslant m \leqslant n$ 。只要当有居民要求的补偿金额高于政府标准，即 $\bar{S}(x_i) < \hat{S}$ 时，就会有居民不让出土地，形成被动型"钉子户"。这是由地方政府补偿标准的统一性和居民所需补偿的差异性造成的。

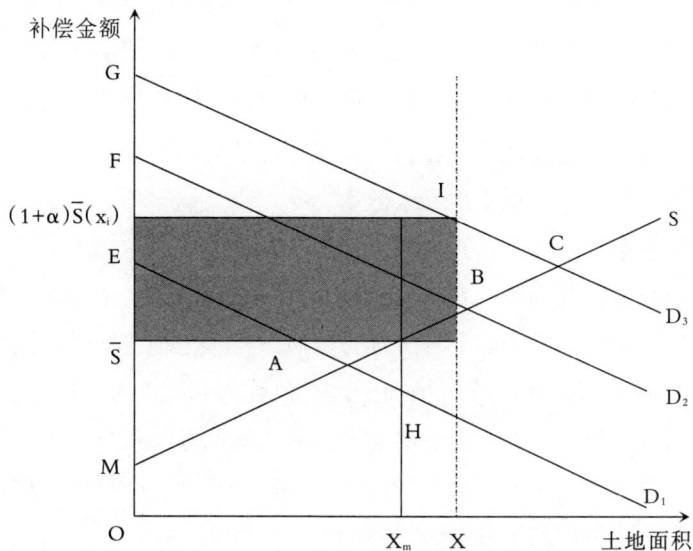

图 4-2　地方政府土地征用制度下的土地开发

四、土地规模经济下"居民-地方政府-开发商"模型与主动型"钉子户"

（一）模型调整

由于土地开发具有规模效应，所以土地开发过程具有以下特点：

$$\psi(X - x_i) \leq \psi(X) - \psi(x_i) \tag{4-10}$$

极端情况下为：

$$\psi(X - \theta) = 0 \qquad (\theta > 0) \tag{4-11}$$

（二）主动型"钉子户"行为

主动型"钉子户"是一种钳制（hold-up）现象。在双向垄断中，一方因为担心给予对方议价优势，降低自己的利润，而失去双方合作盈利的激励，就形成了一种钳制。在现行土地制度下，商业开发土地供求双方都具有垄断性质，即为双向垄断（钱忠好，2004）。在存在开发的可能性，即 $\psi(X) \geq \sum_{i=1}^{n} S_{i\min}(x_i)$ 的时候，开发商将投入资金与居民一对多逐次谈判。当居民认识到在土地规模经济下其土地边际价值的时候，最后几家居民就取得了与开发商议价的主动权，可能会要求全部甚至高出其被征土地的增值额。对于开发商而言，此时最高补偿金额为 $\hat{S}_i(x_i) \leq \psi(X) - \psi(X - x_i)$。由于缺乏信息优势，居民在与开发商议价过程中往往失利。这也造成居民要价可能是非理性的，其要价过高迫使开发商放弃土地开发，降低土地开发效率。

钳制现象可以认为由土地开发的规模经济造成，本质上是开发商与居民间的利益分割问题，在中外土地开发中普遍存在，不会造成严重的社会问题。然而由于中国的部分地方政府参与了土地流转，居民向开发商要价妨碍了部分地方政府增加土地财政收入和 GDP。房地产开发商也乐于通过寻租，用非经济手段解决这种钳制问题。可见，主动型"钉子户"根植于现行土地制度下形成的土地市场双向垄断格局，与部分地方政府对土地流转的干预有关。

图 4-3 中，假设开发商只有取得全部土地后才能有效地开发这块土地，故用虚线表示需求函数。那么只要存在第 i 个土地所有者不满足于其补偿，就会使整个开发停滞，即使对于 D₂ 和 D₃ 或者三角形 AEM 大于 ABH 情况下的 D₁，也可能导致土地开发不能实现。

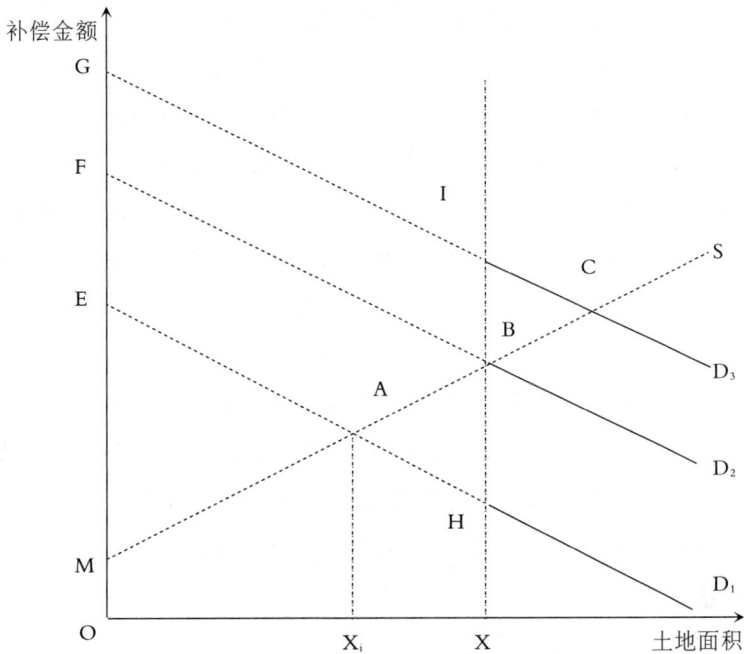

图 4-3 土地规模经济下的土地开发

需要注意的是，两类"钉子户"虽然形成的机制不同，但是存在交叉的可能。因为主动型"钉子户"出现的前提是实现居民与开发商直接议价，而被动型"钉子户"已经被逼跳出了现行土地制度约束，存在与开发商议价的机会，并且其维权成本也肯定需要在最终补偿金上得到回报。同时，主动型"钉子户"也会积极掩藏自己的类型，以第一类"钉子户"的姿态寻求社会救助，增强其谈判能力。不过受制于信息劣势，居民在与开发商议价过程中往往失利。就国内实际情况而言，一般成功的主动型"钉子户"都有"关系"或信息优势，否则难以抗拒来自开发商甚至地方政府的压力。

五、土地制度改革下"钉子户"问题求解

"钉子户"本是正常的经济现象。由于当前具有计划经济色彩的土地征收制度下土地增值收益分配出现失衡，居民利益诉求又难以通过适当途径实现，他们只好选择对土地开发过程的抵制。"钉子户"就成为这部分居民的代名词。由于在土地开发中利益不中立，地方政府对这个过程加以行政干预，而房地产开发商也乐于通过向地方政府寻租等非经济手段完成其土地开发过程，进而引发激烈矛盾和冲突，于是正常的经济现象也演变成为一种社会问题。换言之，在现行的土地流转机制下，土地交易的达成并非自由缔约的结果，而是"征收"这种强制性行为的结果。在这种条件下，交易双方真实的需求意愿以及供给意愿必然被扭曲，其后果是资源配置未能满足帕累托标准甚至希克斯－卡尔多标准。抛离各种主观的价值判断，"钉子户"实际上是扭曲需求意愿与供给意愿信号之后必然出现的现象。也就是说，中国的"钉子户"问题不是市场失灵的表现，而是市场不完善情况下资源配置扭曲的结果（熊金武，2011）。解决"钉子户"问题根本上是需要坚持土地流通和开发中市场配置的基本地位。

（一）被动型"钉子户"

在当前土地征收制度下，消除被动型"钉子户"的关键在于调整现行补偿机制。首先，关于土地和房屋价格评估的问题。大多数情况下所有权人对财产的估价是有主观性的，比如祖宅、祖坟等社会观念性的问题，而现行房屋和土地估价方式难以为民众理解和接受。这就需要引入市场因素，完善土地市场，因为按公平的市场价值形成的补偿金额是一个客观价格，而不是主观价格。其次，居民生活水平不降低是征地和拆迁补偿的最低标准。在现行土地制度和户籍制度下，失地农民只能进入城市——"被城市化"。征地补偿应该包括就业培训等，以便农民进入城市实现再生产，也就是其真正的城市化成本，否则城市化只会是农民的城市贫民化。对于城市拆迁居民应当保障其原地安置权利。最后，补偿机制需要更多考虑家庭的特殊情况，做到补偿的差异性，尤其是对于那些特困家庭当予以照顾。

（二）主动型"钉子户"

主动型"钉子户"一般可以通过一体化和整体议价来解决。一体化是解决钳制现象的常见方式，即居民以土地入股的形式参与到土地开发中，按股权获取土地增值收益，避免了开发商与每个居民商定土地补偿金额。整体议价是指对开发商与全部土地所有者采取整体谈判的方式，而不是一个开发商与多个居民的逐个谈判，通过垄断双方同时行动，避免了存在"最后几个拆迁户"。

在当前集体土地所有制下，地方政府出面与集体土地所有者的代表——村委会协商，形成了事实上的集体议价。然而受制于城市房地产制度，开发商不能与居民进行直接的整体谈判。同时，在现行基层行政体制下，村集体内部很难出现具备足够能力和激励去维护零散居民利益的代表或组织。于是，房地产开发商的最佳选择就是借用部分地方政府力量强制拆迁，从而大大节省开发成本。这种集体议价是扭曲了的，不符合市场平等自愿原则。这种非市场的补偿机制直接导致了今日普遍的"钉子户"问题。

（三）从土地制度改革探求"钉子户"问题的根本解决

"钉子户"问题虽然聚焦于土地增值收益分配，但是根本解决途径还在于土地制度改革。当然有学者提出鉴于中国已经消除了土地私有制，"即使今天城郊农民要求更多土地非农使用的收益，这些农民也只是在中国土地宪法秩序内提要求，而不是从土地所有权及发展权方面提要求"（贺雪峰，2013）。的确，一些调研发现，农户土地所有权认识模糊，土地私有化倾向不明显，甚至大多数农户认为农村土地集体所有或国家所有。[①]事实上，这并不能说明农户没有土地私有产权意识，只是长期在土地公有思想笼罩下，农户的产权意识是模糊化的，不仅不区分公有、私有，甚至不区分村集体、乡镇、国家等。一旦他们认识到土地产权对其生产和发展的重大价值的时候，他们的产权意识就会强化。典型的是，郊区农民都对土地私有化保持了积极的态度。事实上，类似调研也无一例外地发现，年轻农户对土地私有产权的诉求是不断强化的。

---

① 郑财贵，邱道持，叶公强，等.农户土地产权意愿研究——以重庆市璧山县大路镇为例[J].安徽农业科学，2010（11）：5905-5907.

正如前文指出的，土地产权恰恰是农民不能取得更多土地增值收益的根本原因。这也是制约土地征收改革的关键。土地制度改革的基本方向应该是政府退出，由市场调节城市土地供求。首先，明晰土地产权，解决集体土地产权不稳定、土地使用权和所有权分离等问题，允许土地产权的多元化。其次，严格界定土地征收的公益性，限制地方政府的土地征收范围。就美国经验而言，以发展地方经济为目的，地方政府征用居民土地和房屋，再转卖给开发商的行为是被许多州宪法禁止的（文贯中、许迎春，2009）。再次，构建城市土地增值收益的合理分配机制，应当扭转这种畸形"土地财政"局面，切实维护居民参与土地增值收益分配的权利。政府可以通过土地增值税和房产税等制度参与土地增值收益的持续性分配，并以合理城市规划和税收等方式调节土地开发。最后，也是最关键的是，重新构建土地城市化的流转机制，即地方政府应该从商业性的土地征收中退出来，地方政府的角色由交易参与人变为交易秩序的维护者，使地方政府保持利益中立，并自觉维护产权和法律秩序，实现商业土地开发的完全市场运作。土地所有权流转交易由居民户与开发商直接自由协商，让财产价格及补偿标准由客观市场决定。也就是说，实现土地市场化流转是规避中国特色"钉子户"问题的根本途径。

第二节　农地征收补偿标准机制解析与设计

中国快速的城市化引致了大规模的城市土地需求和土地价值的暴涨。围绕土地征收制度的争论和反思从未停止。其中，土地征用补偿标准和方法作为土地价格的确定机制成为一个关注的焦点。补偿标准核定可以理解为信息不对称下的定价行为，但是在中国，这种信息不对称问题在土地制度和征收制度下陷入困境而不能得到解决。传统农地年产值补偿法和区片综合地价无法满足居民户的激励相容条件和参与性约束条件。同时，孙中山提出的地价核定方式为解决信息不对称问题提供了思路，即实现信息揭示的直接机制。所以，解决中国农地征收补偿问题在技术层面上可以改革补偿方式，设计一种直接显示机制，不过在制度上的根本出路在于改革土地产权制度和征收制度，即明晰土地产权，恢复居民退出权，保证居民出价权，提高居民评价能力，实现土地要素的市场配置。

在已有研究中，许多学者强调完善土地征收补偿立法，严格界定公共利益，防止地方政府滥征土地（黄祖辉、汪晖，2002），并考察了已有土地征收过程中，农民与地方政府在征地补偿中的所得比例（王小映等，2006 等）。事实上，我国征地补偿标准也是有比较长的变迁过程。在计划经济时代，补偿形式包括了转换城市户口、安排就业、宅基地补偿等，到现在的以资金补偿为主。于是，怎么计算补偿金额就成为新的争论焦点。传统的年产值倍数法具有补偿低、显失公平等诸多弊端，早已为很多学者批评。2004 年 10 月 21 日，国务院下发了《关于深化改革严格土地管理的决定》，要求各地要制定并公布各市县征地的统一年产值标准或区片综合地价。于是有学者开始集中讨论了当前积极推行的综合地价法，包括对区片价的科学测算（吕萍等，2005；魏静等，2007）、征地区片综合地价补偿制度可能的积极效应和弊端，并提出了相关完善的政策建议（吴宇哲等，2008；李明月、史京文，2010）。当前对土地补偿标准的讨论大多局限于现行土地征收制度的框架，难以全面地反思土地征收困境以及提出相应的替代方案。基于简单的信息不对称假设，解析农地补偿机制设计面临的制度困境，并运用市场机制设计理论，回溯历史，提出可能的解决方案。

一、征地补偿定价机制模型设定

在征地过程中，地方政府依照相关法律规定的补偿标准给予补偿。为了更好地刻画这个过程，现作如下假设：

（一）主体行为假设

1. 居民户

居民户 i 失去农地的机会成本由两个部分构成：

一是农地收入的损失，表示为农地面积 L_i 与农地生产率 θ_i 的积 $\theta_i L_i$，$i \in \{1, \cdots, n\}$。其中，由于我国农村土地基本采取平均分配，所以假设居民户 i 的土地面积 $|L_i| = L$。对于农地生产率 θ_i，假设单调分布，

$\theta_1 \geq \theta_2 \geq \cdots \geq \theta_n$。由于农地对于居民具有多重功能，此处的农地收入包括失去农地的全部机会成本，即土地不转换其农业属性时可以为居民户带来的收入。比如有调查发现，土地对农民的最大效用是生活保障效用（37.5%），第二是直接经济收益的效用（22.7%），第三是提供就业机会的效用（13.8%），第四是征地后得到补偿的效用（10.7%），第五是子女继承效用（9.9%），第六是以免重新获取时支付大笔钱的效用（5.4%）（刘红梅等，2006）。本书作者2008年对上海市郊区农民调查也发现居民对土地的认识具有多样性，不限于上面列举的。

二是固定成本 F_i。这部分成本与农地无关。在我国土地制度和户籍制度下，失地农民不能异地取得土地，只能"被城市化"，需要支付大量城市化的成本，比如高额的教育费用、医疗费用和社保费用，以及新增的物业费等。

$\theta_i L_i$ 和 F_i 信息只为居民户所了解。同时，农民可以取得政府决定的补偿收益 $\alpha_i L_i$，若是不接受将反抗征地行为。

2. 地方政府

在我国，无论公益性用地还是非公益性用地，农地转化为非农用地都需要地方政府征收，土地征收制度事实上构成了一种农地城市化机制。地方政府了解所征收土地的用途，并假设可以预期土地征收后的收益为 $\upsilon_i L_i$，其中 υ_i 是农地非农化后的收益率，由土地开发的用途及区位优势等决定，不为农民所了解。同时，地方政府按照法定补偿标准给予失地居民户土地征用补偿 $\alpha_i L_i$。

（二）决策过程

依据国家规定，当前征地决策过程是：首先，地方政府根据用地需求，决定征地。其次，地方政府选择征地区域，公布补偿标准，发出征地要约。再次，居民户根据自己的类型，决定是否接受征地补偿标准，否则提出抗议。最后，地方政府决定退出征地还是讨价还价。

（三）社会最优化

从整个社会而言，社会剩余 $S_i = \upsilon_i L_i - \theta_i L_i - F_i \geq 0$，则土地征收能够增加社会福利；否则这块土地不具有开发价值，无所谓决策问题。社

会剩余 S_i 最大化要求地方政府根据土地征用后的生产效率 υ_i、征用前的生产效率 θ_i 和城市化成本 F_i 由低到高选择性地征收土地。对于地方政府而言，追求土地财政收入（$\upsilon_i L_i - \alpha_i L_i$）的最大化。

（四）激励可行性

一个良好的机制应该具有激励可行性，即满足激励相容（incentive compatibility）和参与性约束（participation constraints）条件。依据前文假设，对于居民而言，参与性约束条件是 $\alpha_i L_i - \theta_i L_i - F_i \geq 0$，激励相容条件是 $\alpha_i L_i - \theta_i L_i - F_i \geq \alpha_j L_i - \theta_i L_i - F_i$，$j \neq i$，$j \in \{1, \cdots, n\}$；对于地方政府而言，参与性约束条件是 $\upsilon_i L_i - \alpha_i L_i \geq 0$[1]，激励相容条件是 $\upsilon_i L_i - \alpha_i L_i \geq \upsilon_i L_i - \alpha_j L_i$。

二、当前土地补偿方法的解析[2]

年产值倍数法和区片综合地价法是两种主要的土地价格衡量方法。下面将按照前文构建的框架，对其分别加以解析。

（一）年产值倍数法

年产值倍数法是中国计算征地补偿标准的传统方法。年产值倍数法是征地时参照《中华人民共和国土地管理法》中规定的补偿形式，在确定区片年产值标准的基础上，综合考虑当地的经济发展水平、城镇居民最低生活保障水平、被征地农民对土地的依赖程度等因素，以土地年产值标准倍数确定土地补偿费、安置补助费。同时国家实行土地用途管制，将土地分为农用地、建设用地和未利用地，按照被征收土地的原用途给予补偿，形成征地补偿的差别定价的格局。此处假设为两类：

---

[1] 地方政府参与土地征收的前提是土地补偿金低于土地出让金，不过有时候出现了征地区片价比土地出让基准地价高的"倒挂"现象（赵丽等，2009）。这种情况的出现，除了农地补偿标准提高和基准地价更新时间有时差的原因外，本质上是正常的。也就是说这些地区不值得开发，并不能保证土地开发后的价值就一定高于农地价值。然而，在二元土地制度下，我国农地价格长期被低估，"倒挂"现象的出现可能与地方政府吸引投资的需求有关。长期以来，地方政府给土地征收赋予了太多的"责任"，为了招商引资过度压低基准地价，以至于低于了按照很低标准计算的农地价格。若出让地价等于基准地价，那么地方政府愿意贴钱吸引投资，体现了行政性资源配置的低效率。

[2] 鉴于中国独特的土地制度，土地补偿金额的低估事实上在其他方面有所弥补。比如，上海市地块成本抽样发现"土地补偿费占征地成本的3.1%、人员安置费占7.8%、地上附着物补偿费占16.3%、青苗补偿费占0.1%、房屋动迁补偿费占55.8%、政府规费占1.8%、其他费用占到15.1%"（上海市房屋土地资源管理局，2009）。可见，房屋补偿比例很高，土地补偿费却很少。鉴于上海郊区农民房屋与边远地区房屋的造价相比并不会高多少，或许可以认为这种对住房的高补偿是对土地过低补偿的一种替代效应。

$\alpha_i \in \{\alpha_1, \alpha_2\}$，$\alpha_1 \geq \alpha_2$。

这个标准注意到了不同土地价值的差异，形成 υ_i 与 θ_i 的正相关关系。不过存在三个问题：一是忽略了对与农地面积无关因素的补偿 F_i，即使安置补助费也是，按照需要安置的农业人口数计算。需要安置的农业人口数，按照被征收的耕地数量除以征地前被征收单位平均每人占有耕地的数量计算。二是 α_i 中年份倍数的确定缺乏客观标准，几乎完全由地方政府决定，居民户难以表达自己的意愿。三是土地产值如何确定比较困难。因为基本上只有居民户才了解土地生产效率的信息。

这就导致了参与性约束条件和激励相容性两方面的困境。

一方面，部分居民参与性约束条件不能始终满足。当前我国土地补偿标准还是继承了计划经济时代的方式，不具有很强的差别性。于是，对于那些 $\theta_i \geq \alpha$ 的居民，$\alpha L_i - \theta_i L_i - F_i < 0$，如果接受征地标准就意味着福利损失，他们将会拒绝土地被征收，从而出现居民户与地方政府之间的讨价还价。在当前法定补偿标准下，地方政府不能根据这些家庭的特殊情况灵活调整补偿金额，导致了居民户与地方政府之间的零和博弈。只要 $\upsilon_i L_i - \alpha L_i \geq 0$，那么地方政府就可能凭借各种手段强制征收土地，引发社会矛盾。虽然这些年来 α 不断被提高，但是始终不具有差异性，必然导致部分居民户不能接受该补偿标准。

另一方面，激励不相容的困境。因为对于任何一个取得 α_2 补偿标准的居民而言，$\alpha_1 L_i - \theta_i L_i - F_i \geq \alpha_2 L_i - \theta_i L_i - F_i$，那么鉴于居民的类型 θ_i 和 F_i 不能为地方政府所知道，就存在居民户隐藏个人信息的倾向。常见的是，居民户将未开发土地补种树苗、修建住房等。还有的居民户故意夸大个人生活困难，要求地方政府给予更多的补偿。更由于土地划分标准不清晰，居民会抗议同地不同价。

在年产值倍数法下，地方政府征用土地的时候不仅考虑土地的开发价值，也愿意优先征收 θ_i 最小的土地，实现成本最小化。比如浙江某市 1 类地区，征用农民集体的水田、旱地用于商业开发，地方政府所得是农民集体所得的 38.6 倍；征用农民集体建设用地用于商业开发，地方政府所得是农民集体所得的 98 倍；征用农民集体的未利用土地用于商业开发，地方政府所得是农民集体所得的 196.9 倍（廖洪乐，2007）。不过如前所述，居民存在隐藏信息的激励，并且有的居民参与性约束条件也不能满足，难以筛选出生产效率最低和城市化成本最低的居民户，不能实现社会福利最大化。地方政府会凭借非经济手段取得土地，使得土地征用处于不均衡的状态，引发社会冲突。

（二）区片综合地价法

区片综合地价法是指依据土地类型、产值、区位、经济发展水平等因素，划分征地区片，并采用积算价格方法测算区片征地综合补偿标准。区片综合地价等于农用地质量价格叠加社会保障价格。从理论上农用地质量价格可以体现农用地对农民的直接经济效用，社会保障价格可以体现农用地对农民的基本生活保障效用。也就是说，除了农地价值以外，还根据给予一定的追加补偿 T 用于支付社会保障，统一补偿标准为（$\alpha L + T$）。

区片综合地价法消除了同地不同价、补偿随意等诟病，使得一个区域内的土地价格相等，同时也部分地承认居民户固定成本 F_i，形成 v_i 对应 θ_i、T 对应 F_i 的局面。区片综合地价法形成了一个统一的标准，虽然能够减缓激励相容困境，但却并不能杜绝得不到足够补偿的"钉子户"。同时，区片综合地价法还导致了新的问题。

首先，同地同价违背了级差地租理论，征地区片价在解决"同地不同价"矛盾的同时造就"不同地同价"的新矛盾（李明月、史京文，2010）。T 依然不具有足够的差异性，存在居民面临参与性约束条件不满足的情况，即 $\alpha L + T \leq \theta_i L + F_i$，导致那些土地收益率更高的农户不能得到更高的补偿，从而对新标准进行抵制。

其次，由于 T 一般是指居民的社会保障，忽略了居民从农村到城市的巨大转换成本，不能完全弥补居民的损失。把测算的土地补偿费和安置补助费看成失地农民社会保障基金的唯一来源，实属不合理，不能实现农村失地农民社会保障的可持续发展（李彦芳，2007）。

最后，区片综合地价依然由地方政府制定，那么地方政府就存在压低区片综合地价的激励。（$\alpha L + T$）越低，地方政府取得的收益

（$v_iL_i - \alpha L_i - T$）就越大。这就事实上承认在地方政府主导下会出现低价征地的情况，无法扭转当前的土地财政困局。

在区片综合地价法下，地方政府不再考虑土地的生产效率和居民的城市化成本，会优先按照土地开发的价值 v_iL_i 征收土地，追求利润最大化。相比于年产值倍数法，区片综合地价法规避了居民户信息揭示的问题。不过，这并不能提高市场的绩效，也不能改变土地征用中可能存在的利益冲突。

三、当前土地补偿方式的不足

如上面所见，"同地同价"的区片综合地价必然会导致居民户参与性约束条件不能满足，成为被动型"钉子户"。年产值倍数法按照土地用途设定的多样性补偿标准，又必然导致激励相容的困境。二者都不能实现社会福利的最大化。究其原因，不仅在于信息不对称问题，还在于今日土地征收制度的困境。

（一）补偿标准的统一性与补偿需求的差异性

我国当前土地征收制度继承于计划经济时代，行政性的土地征收补偿标准具有统一性，且弹性少。然而，居民基于自己的生存环境对土地有各不相同的评价，或者为社会保障，或者为职业，或者为遗产等，更有诸如坟地、祖宅等对个人具有特殊重要性的土地需求，所以居民对土地补偿具有很大的差异性。当前的补偿制度忽视了农民间人力资本差异性和人力资本积累的渐进性，基本上按照统一标准给予一次性土地补偿，导致有些人力资本不足的家庭不能适应城市生活。差异性补偿需求一旦不能满足，居民会选择退出土地征收，可能选择各种形式抵制土地征收。区片综合地价法虽然规避了"同地不同价"的困境，但是依然不能解决差异性的土地补偿需求，导致了农民在土地征收中的困境。解决这类问题的根本之道在于明晰土地产权，使得土地的差异性得到显示，进而改革土地征收制度中的强制性，实现居民意愿的合理表达。

（二）"被城市化"与安置成本

在当前的户籍制度和土地制度下，农民一旦被征地，将失去继续做农民的自由，只能进入城市，被动性地卷入城市化进程。然而城市化绝不仅仅是住上楼房、进城定居，而是一个深刻的变革过程，要求农民能够在城市实现再生产和市民化。这个过程是漫长的，需要大量资源的投入。有研究测算，对于半城市化的农民工而言，每年为解决 2 000 万农民工市民化需要投入 2 万亿元，才能到 2030 年基本解决 4 亿农民工及其家属的进城和落户问题，使他们享受与城市原有居民同等的公共服务和各项权利（中国发展研究基金会，2010）。与农民工相比，被征地的农民的城市化水平可能偏低，意味着更大的城市化成本。然而，土地补偿金主要还是按照农地产值计算，根本没有考虑农民进入城市的成本，必然导致了部分农民在这个过程中面临生活质量下降的风险。农民的"被城市化"可能蜕变为"城市贫民化"。现实中，由于征地补偿价格偏低、补偿费用拖欠、补偿分配不规范等原因，农民真正领到的补偿费用非常有限，并且大部分用到子女的婚嫁、修房建屋、偿还借款等生活开销上，无法发挥长久的养老保障功能，更不能承担起实现城市化和市民化的成本。一旦人力资本不足，他们只会沦为城市贫民。"被城市化"否定了失地农民继续做农民的权利，不仅提高了征地安置成本，更引致了征地农民对补偿的争议。只要恢复居民的退出权，保证居民异地安置的自由，即继续做农民的自由，那么土地补偿的争议将下降。

（三）没有退出权的土地征用博弈

土地征用市场是农地转化为非农用地的买方垄断市场，市场定价机制主要表现为居民户与地方政府围绕土地补偿金的讨价还价。再次强调的是，现行农地补偿方式是一次性的，导致土地补偿金额的讨价还价是一种零和博弈。通过"关系"、上访、媒体曝光等方式，农户会努力提高自己的讨价还价能力。地方政府会努力使农户接受拆迁的条件，提高居民的谈判成本，削弱居民讨价还价的能力。比如有的地区对提前签约的农户给予更优惠的待遇、搬迁期间给予生活和住房补贴、增加上访成本等。另外，居民户不了解土地的用途及开发价值，而地方政府却是知道土地用途的，能按照增值幅度决定支出多少金额，所以在讨价还价中居民处于信息劣势。

在整体上，居民谈判能力是比较弱的，可能存在谈判的成本过低甚至大于收益的可能，只好直接放弃谈判。只要居民具备一定的谈判能力，或者因为补偿不能支付城市化成本，那么居民也会无底线地与地方政府讨价还价（熊金武、黄义衡、徐庆，2013）。在现实中，有的居民会长期上访和诉讼等，甚至在不能得到公义的情况下报复社会，形成长期的维稳问题。事实上，现在维稳费用已经占到中国财政支出一个很大的部分，全国信访和地方冲突中很大部分是由于土地征收和"钉子户"问题。这个零和博弈最终很可能是两败俱伤。

四、一个可能的解决方案：孙中山地价核定机制

当前土地补偿标准的困境是内生于当前土地制度和土地征收制度的。如果不配合相应的土地征收制度和土地制度改革，就不能形成基于土地要素市场价格的客观补偿标准，甚至即使提高补偿标准，也难以杜绝纠纷。因为这是一个机制障碍。任何补偿标准都无法避免地方政府与居民的讨价还价困境，以及部分居民城市贫困化。解决土地征收制度困境的关键点就是恢复居民的退出权，即退出非公益性土地征收的自由、退出"被城市化"的自由和退出集体土地制度的自由，进而明晰土地产权，允许土地产权多元化，发挥土地要素的市场调节机制。

一旦实现上面的改革，解决当前的土地补偿中信息不对称困境的方法就可以是构建新的补偿机制。这种机制是孙中山提出过的。在孙中山的地价税设想中，地价核定方式是一个核心问题。孙中山提出地价由地主自行申报，政府有权利"照地价收税"和"照地价收买"，"地主如果以多报少，他一定怕政府照价收买，吃地价的亏；如果以少报多，他又怕政府要照价抽税，吃重税的亏。在利害两方面互相比较，他一定不情愿多报，也不情愿少报，要定一个折中的价值，把实在的市价报告到政府。地主既是报折中的市价，那么政府和地主自然是两不吃亏"[1]。这事实上就是一种解决当前农地补偿困境的方法，即调整当前土地征收补偿的决策过程。

---

① 孙中山 . 孙中山选集：下卷[M]. 北京：人民出版社，1981：838.

首先，按照地方政府要求，居民公开自己的类型，并自行申报土地价格 $\beta_i L_i$。

其次，地方政府按照（ $\upsilon_i L_i - \beta_i L_i$ ）的大小序列决定征收对象。

最后，一旦地方政府决定征地，居民户必须接受。

在这个机制下，居民户为了最大化自己的收入，需要衡量作出两个决策：一是如何申报地价；二是是否接受自己申报地价的补偿。由于 β_i 由居民户自己决定，居民户不会申报低于安置成本的征地价格，那么就一定满足了参与性约束条件，$\beta_i L_i - \theta_i L_i - F_i \geq 0$。其次，居民户作为理性人，必然申报地价是其认为的最优补偿，$\beta_i L_i - \theta_i L_i - F_i \geq \beta_j L_i - \theta_j L_i - F_i$，避免了激励不相容。可见，这个机制有效地规避了居民户利益受损而被迫成为"钉子户"的可能性。需要注意的是，这种机制也同时避免了钳制问题，因为这种机制具有简易性，先由每个居民户同时报价，再由政府选择征地范围，那么就规避了存在"最后几个居民户"的可能性，也就避免了"策略性行为"。最有意义的是该机制为政府与居民户提供了一个"一对多"的协商机会。如果价格不能谈拢，那么只要保证政府与居民户都有退出交易的权利，就能规避"钉子户"的存在。

然而，这个机制却不一定能实现社会福利最优化。在社会福利最大化的情况下，政府应该优先征用那些农业生产率低、非农效用高和城市化成本低的土地。如何确保 $\beta_i = \theta_i$ 呢？居民户虽然知道政府的决策机制，却不知道 υ_i 是多少以及可能的排序，可能声明一个非常高的金额，导致土地开发不能进行。于是，孙中山提出了"涨价归公"的方案，即如果不接受征地，那么今后土地将按照其价值缴纳累进税率的地价税，并且在土地流转中按照其增值部分缴纳土地增值税，降低了居民户高额申报地价的激励。也就是说，土地补偿的改革不仅需要地价核定方式本身的调整，还需要配套的土地税收制度的改革。如果实行累进税率地价税，那么可以有如下分析：

首先，假设税率与地价相关，且在地价上累进，即 $t = t(\beta_i)$，且 $t'(\beta_i) > 0$。由此，土地出售者的净收益为 $R_i = (1 - t(\beta_i))\beta_i L_i - \theta_i L_i - F_i$。最

优的喊价策略是 $dR_i/d\beta_i = 0$。解之得：$\beta_i^* = \dfrac{1-t}{t'(\beta_i^*)}$。不难发现，此时土地出售者的最优策略不再是 β_i 最大化。随着累进率 $t'(\beta_i)$ 越高，土地喊价的进一步上升受到遏制。另外，上述分析也揭示，固定税率地价税并不能限制土地所有者索取过高的报酬，固定税率中 $t'(\beta_i) = 0$，R_i 在 β_i 上单调递增。

孙中山的方案虽然有空想和不够完备的成分（周其仁，2004），不过却将土地价格的确定机制引向机制设计中信息揭示的直接机制，即代理人将各自的类型告诉利益独立的第三方，第三方根据代理人的利益选择行为策略，最后代理人获得各自收益。这不同于传统的间接机制，即从代理人行为结果分析代理人类型信息的方式。根据"显示性原理"，如果间接机制下有贝叶斯纳什均衡解，那么各代理人真实地报告自己的类型总存在一个收益均等的直接机制的均衡。这个均衡相比于传统补偿方式下的定价机制，避免了居民户的激励相容性问题和参与性约束条件问题。

总之，我国农地补偿标准的困境具有制度层面和信息不对称问题两方面的因素。第一个方面，当前土地制度和土地征收制度造成了地方政府垄断和经营土地市场的制度困境，亟须改革。首先，保证居民土地产权的明晰，否则交易对象依然模糊不清，争议不会消除。其次，保证居民具有足够的能力评价自己的土地类型和土地的价格。鉴于大多数居民短期内可能缺乏这种能力，有必要暂时借用中立机构提出评估价格，逐步完善土地市场价格发现功能。再次，保证居民的退出权，否则难以避免零和博弈困境，也难以降低安置成本。这也是发挥市场调节机制的前提。最后，保证居民有还价和出价的权利，改变土地补偿方式的简单性，实现差异性补偿。第二个方面，信息不对称问题可以借鉴孙中山地价税思想中地价核定方式，实行申报地价，实现土地类型方面信息的直接显示机制，避免土地定价中的市场缺陷，满足了市场的简易型原则，避免地方政府与居民户间各种策略性行为引致的零和博弈。鉴于"不存在绝对有效的产权安排，只能在状态依存的互动过程中寻求相对有效的产权结构"（张曙光、程炼，2012），土地制度改革任重道远，那么优化土地补偿机制显得尤其重要。

第三节　城市土地流转机制解析与设计[①]

　　城市土地流转是指农村城市化以及旧城区更新改造过程中土地所有权或使用权于不同主体之间的交易。城市土地流转的两个基本问题是土地流转的交易成本与流转后土地的使用效率。准确把握这两个问题是理解征地拆迁抵制行为并提出解决方案的关键。利用居民户、地方政府和开发商参与的两期动态博弈模型，可以动态模拟当前城市土地流转的机制，并对当前土地流转中存在的问题进行分析，进而对一种可能的解决方案及关键点加以分析讨论。

一、当前城市土地流转困境

　　30多年来中国城市化水平大幅提高，然而当前土地财政、暴力拆迁、"钉子户"、农民工、失地农民等一系列围绕城市化问题日趋严重（黄祖辉、汪晖，2002；国务院发展研究中心课题组，2009）。如何在保证居民房屋、土地财产权的前提下，顺利推进中国人口城市化和土地城市化协调发展是反思今日中国农村土地制度的关键。"土地承包经营权、宅基地使用权、集体收益分配权等，是法律赋予农民的合法财产权利"，提高农民在土地增值收益中的分配比例（温家宝，2011）。本部分所讨论的城市土地流转是指农村城市化以及旧城区更新改造过程中土地产权于不同主体之间的交易，这种交易的目的在于通过土地资源的重新配置以实现更高的经济绩效。在一个产权明晰的拍卖人市场中，土地出让方根据市场价格决定土地供给，土地受让方按照市场价格购入土地并进行后续开发，在信息较为完全的情况下整个交易过程的交易成本很低，且流转后的土地会得到较高效率的利用。然而现实世界中的城市土地流转却往往伴生着一系列不容忽视的问题，如暴力拆迁与抵制、土地在流转后被荒废或低效率利用等，这些问题严重偏离了城市土地流转的

---

　　① 本小节核心内容是本书作者与美国克莱姆森大学黄义衡博士合作的研究成果（黄义衡、熊金武，2011）。

初衷和标准模型的设想，因而引起学界广泛关注。

　　既有研究中的绝大部分观点都同意：当前土地制度和土地征收制度下，地方政府的不当作为是当前城市土地流转中各种问题产生的主要原因。黄祖辉等（2002）、陈利根等（2003）以及孙玉军（2007）将这种不当作为理解为地方政府通过非公共利益性质征地谋求自身利益最大化，而其原因在于土地征收制度的不完备以及法制的不完善。钱忠好（2004）和李涛等（2004）认为地方政府强制征地拆迁等不当作为的原因在于：地方政府在土地征用市场上的买方垄断地位和土地出让市场上的卖方垄断地位强化了其通过征地拆迁与卖地获取自身利益的动机。另外，张青等（2009）、吴群等（2010）、蒋震等（2011）以及卢洪友等（2011）认为是当前财政结构与激励结构使地方政府产生对土地财政的依赖性，从而使地方政府在土地流转中屡屡出现不当作为。这些讨论无疑都指出了问题之所在，然而当遵循这些讨论思考问题的解决方案时，却又遇到新的问题了：如果让地方政府退出土地流转交易，是否就必然会降低土地流转过程中的冲突呢？很显然，如果忽略市场制度上的特征，仅是让地方政府从土地流转交易中退出，对于居民户而言只是征地拆迁补偿谈判对象的改变——从地方政府到开发商，土地出让方与受让方之间依然是竞争关系，则冲突未必减少——现实中居民户与开发商之间激烈冲突的例子也屡见不鲜。另外，土地流转之后被荒废或低效率利用的问题是否会随地方政府的退出而随之解决呢？很显然，流转后土地的开发利用程度取决于地方政府和开发商两者的投资意愿与投资能力的限制，如果忽略地方政府或开发商的投资能力约束，那么依然会导致土地低效率利用的问题。

　　准确把握城市土地流转过程中各种问题的实质是理解征地拆迁抵制行为并提出解决方案的关键。如果说土地流转是为了优化资源配置、提高经济绩效，那么一个完整的城市土地流转实际包括两个步骤：土地产权交易和土地开发利用。在土地开发利用所带来的效率增进给定时，土地流转的交易成本影响了土地流转所带来的绩效增进与居民福利增加幅度；在土地流转的交易成本确定时，土地开发利用的效率亦决定了土地流转所带来的绩效增进与居民福利提高额度。因此，土地流转的交易成本与流转后土地使用效率是土地流转的两个基本问题——如果将土地流转带来的效率增进与福利提升比做蛋糕，那么前者关注分割蛋糕时将损耗最小化，后者关注如何使蛋糕变得更大。从逻辑上看，土地流转中的两个基本问题可以分割开单独考察，然而在现实世界中，这两个基本问题所涉及的参与人却具有同一性。例如，土地流转的交易成本问题所涉及的地方政府，同时也是影响流转后土地使用效率的关键参与人。因此，有必要将当前土地流转中各种问题所归结的两个基本问题联系在一起进行讨论。

可以认为，作为城市土地流转交易对象（土地产权）的指向物——土地具有两重特性：第一，异质性，即不同地块因为区位、文化和情感等因素的差异而难以类比；第二，整体性，即交易主要是以整块土地为交易对象，地方政府或开发商并不会因为价格过高而将原先设定之地块分割交易。因此，以供给曲线–需求曲线的经典模型对城市土地流转交易进行分析并不合适，需要用另外的模型加以分析。在现实条件下，地方政府与开发商之间的土地出让市场已经有较为成熟的土地挂牌招标市场，因而可以较低的交易成本达成交易。然而，居民户与地方政府之间的土地交易由于土地初始产权界定不清晰以及此前的土地征收制度导致的相关价格信号的缺失，其交易行为更加接近于讨价还价的博弈——重新界定的土地产权可能拥有巨大的潜在收益，因此居民户与地方政府会在重新明晰界定土地产权的过程中展开激烈的竞争性博弈。[①]这里，在考虑一般意义上的个体行为时，可以将现实中的暴力拆迁和极端抵制手段视为经济学意义上的讨价还价手段。当地方政府从城市土地流转中退出时，尽管居民户和开发商可以通过熟悉新的交易规则并降低交易成本，但是这需要时间，而且特定居民户关于土地交易规则的知识是否可以传递给其他居民户并形成知识积累亦是不确定的——特定居民户在出售原有的农地或旧房屋之后，极有可能在余生中不再经历类似的交易了。所以，如果地方政府退出城市土地流转交易，仍然可以认为在短期内居民户与开发商之间的土地交易是以讨价还价的方式进行的。

---

① 既有研究也意识到土地初始产权界定不清晰是导致城市土地流转中冲突不断的重要原因，然而其后分析却是基于价格以及市场结构。很显然这是错误的，因为从价格与市场结构出发进行分析，其前提是交易物的产权界定是清晰的。

综上，本小节构建了一个由居民户、地方政府和开发商三者参与的动态博弈模型，将当前土地流转过程以及一种可能的解决方案置于该博弈中考察，以期得到在讨价还价框架内对土地城市化问题有所解答。

二、既有土地流转机制的模型分析

（一）模型构建

如同此前讨论的结果，当前的土地流转亦可以划分为土地流转交易和流转后土地开发利用两个步骤。其中，第一个步骤里面又包括两个交易：居民户–地方政府间的交易和地方政府–开发商间的交易，第二个步骤在当前条件下则是完全由地方政府和开发商参与的过程。由于第一个步骤的两个交易可以被视为在同一时间发生，因此我们通过构建一个两期的动态博弈来对当前土地流转过程进行刻画与讨论。该博弈由一个居民户、一个地方政府和一个开发商参与，而所流转的土地是一块面积确定且不可分割的土地，而且城市土地流转交易最终达成。参与人的具体行为设定决策如下：

1. 居民户

居民户是最大化生存期总效用 $\ln C_1 + \beta \ln C_2$ 的理性决策者，这里 C_1 和 C_2 分别是第 1、2 期的消费，效用贴现率 $\beta \in (0,1)$。在第 1 期初，居民户拥有 $R_H > \gamma_H - 1$ 单位初始禀赋用于当期消费、储蓄或与地方政府就征地拆迁补偿讨价还价：如果用于储蓄，则利率为 $r \in (0,1)$；如果用于讨价还价，则可以获得 $P_H = \gamma_H \ln(1 + x_H) - B_G$[①] 的征地拆迁补偿。其中，$x_H$ 是居民户用于讨价还价的支出——如同此前所设定的，一般意义上的理性居民户会根据自身偏好将各种极端手段折算成为相应的成本；γ_H 表示居民户在讨价还价上支出的效率，这里，$\gamma_H \geq e$；B_G 代表地方政府的谈判力度，$0 < B_G$ 且满足 $P_H \geq 0$，即地方政府不会不经谈判就完全接受居民户所提出的征地拆迁补偿要求，同时也不会使征地拆迁补偿为负；居民户只是将 B_G 视为给定而不知其决定方式。另外，居民户在每一期都能够获得 $w > 0$ 的工资收入。因此，居民户的决策问题为：

---

① 这里易知，居民户的谈判支出之边际收益为正且递减，另外易于计算也是选用对数形式函数的重要原因。

$$\max \quad \ln C_1 + \beta \ln C_2$$
$$\text{s.t.} \quad C_1 + S_H \le \gamma_H \ln(1 + x_H) - B_G + R_H - x_H + w \tag{4-12}$$
$$C_2 \le (1 + r)S_H + w$$

其中：S_H 是居民户用于第二期消费的储蓄。

2.地方政府

地方政府是追求贴现加总财政盈余最大化[1]的理性决策者。地方政府第 1 期的财政收入来源于开发商支付的土地出让金 P_F、财政支出为征地拆迁补偿 P_H 和讨价还价支出 x_G。这里，地方政府认为 $P_H = B_H - \gamma_G \ln(1 + x_G)$，$\gamma_G$ 是地方政府在讨价还价上的支出效率，满足 $\gamma_G \ge e$ 且 $P_H > 0$；B_H 是居民户的讨价还价力度，地方政府将其视为给定且不知其决定方式。地方政府第 2 期的财政收入为对开发商按的税率 τ_L 征收的所得税。τ_L 度量了地方政府对土地增值收益的分享能力，财政支出为地方政府对土地的投资 $I_G > I_{G,\min}$，其中 $I_{G,\min}$ 是最低投资额，这里地方政府对土地的投资主要表现为公共性质的基础设施投资。当开发商的投资额为 I_F 时，土地可以产生的收益为 $AI_G^\alpha I_F^{1-\alpha}$，其中 A 是一个度量投资效率的外生变量，其涵盖了土地的区位、技术水平以及所在地区的制度效率等因素。当 I_G 和 I_F 给定时，土地可以产生的收益水平取决于 A；α 和 $1-\alpha$ 则分别度量了地方政府与开发商投资对于土地增值收益的贡献。因此，地方政府的决策问题为：

$$\max \quad P_F - B_H + \gamma_G \ln(1 + x_G) - x_G + \frac{1}{1+r}\left(\tau_L A I_G^\alpha I_F^{1-\alpha} - I_G\right) \tag{4-13}$$

3.开发商

开发商是追求贴现利润最大化的理性决策者。由于假设所讨论的城市土地流转最终达成交易，因此可以认为该开发商是在土地挂牌招标拍卖中出价最高的买者。开发商第 1 期初拥有 R_F 单位资源可用于支付土地出让金 P_F 和第 2 期的土地开发投资 I_F。根据现实中的财务制度，可以假设 R_F 为地方政府所知。因此，开发商的决策问题为：

$$\max \quad \frac{1}{1+r}(1 - \tau_L)AI_G^\alpha I_F^{1-\alpha} + S_F$$
$$\text{s.t.} \quad \frac{1}{1+r}I_F + S_F \le R_F - P_F \tag{4-14}$$

---

[1] 将地方政府的目标设定为财政盈余最大化是参照了 Gordon 和 Li（2011）的观点。

其中：S_F 是开发商不愿意投资而作的储蓄。

最后，假设 $\gamma_H \ln \gamma_H - \gamma_G \ln \gamma_G > \gamma_H - 1$，该信息只为自然所知。

（二）模型求解

1. 土地流转的交易成本

在现实中，土地流转的交易成本问题主要反映为征地拆迁过程中居民户与地方政府的冲突。一如引言中所指出的：当前城市土地流转中居民户与地方政府间是讨价还价的交易方式，而地方政府与开发商之间是招标、拍卖、挂牌的交易方式，故而在此仅分析居民户与地方政府之间的关系。对于居民户，可以通过消去问题（4-12）中的 S_H，将其写为：

$$\max \quad \ln C_1 + \beta \ln C_2$$
$$\text{s.t.} \quad C_1 + \frac{C_2}{1+r} \leq \gamma_H \ln(1+x_H) - B_G + R_H - x_H + \frac{2+r}{1+r}w \tag{4-15}$$

用拉格朗日方法求解该最大化问题可得：

$$\begin{cases} C_1 = \dfrac{1}{1+\beta}\left[\gamma_H \ln(1+x_H) - B_G + R_H - x_H + \dfrac{2+r}{1+r}w\right] \\ C_2 = \dfrac{\beta(1+r)}{1+\beta}\left[\gamma_H \ln(1+x_H) - B_G + R_H - x_H + \dfrac{2+r}{1+r}w\right] \end{cases} \tag{4-16}$$

由于 $R_H > \gamma_H - 1$，故而对（4-16）式中的 x_H 求一阶导数得到最优的谈判支出为：

$$x_H^* = \gamma_H - 1 \tag{4-17}$$

很显然，居民户在生存期内的效用水平与讨价还价的净收益相关。

关于地方政府，在给定土地出让金以及后续开发投资与税收的条件下，其决策问题可以写为：

$$\max \quad -B_H + \gamma_G \ln(1+x_G) - x_G \tag{4-18}$$

对 x_G 求一阶导数可以得到地方政府的最优谈判支出：

$$x_G^* = \gamma_G - 1 \tag{4-19}$$

由于 $\gamma_H \ln \gamma_H - \gamma_G \ln \gamma_G - \gamma_H + 1 > 0$ 且 $\gamma_G \geq e$，所以：

$$\begin{cases} \gamma_H \ln(1+x_H^*) - \gamma_G \ln(1+x_G^*) - x_H^* \geq 0 \\ -\gamma_H \ln(1+x_H^*) + \gamma_G \ln(1+x_G^*) - x_G^* \geq -\gamma_H \ln(1+x_H^*) \end{cases} \tag{4-20}$$

即在给定谈判对手支出条件下，不论是居民户还是地方政府皆认为谈判比不谈判好。而且，在居民户和地方政府都将对手讨价还价的力度作为给定时，$\{x_H^*, x_G^*\} = \{\gamma_H - 1, \gamma_G - 1\}$ 就是整个博弈的纳什均衡（如图 4-4 所示）。

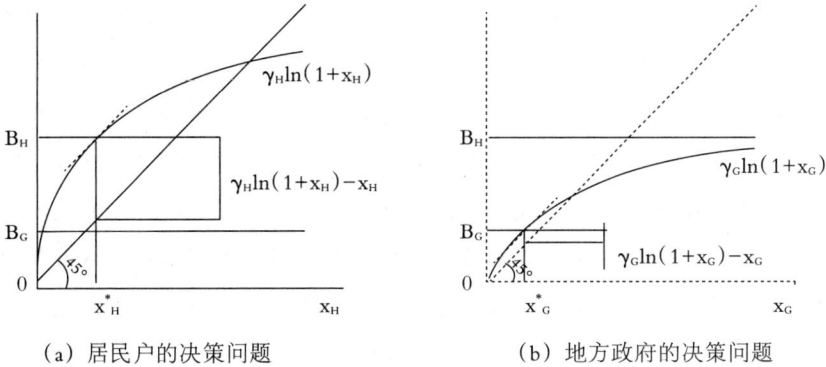

(a) 居民户的决策问题　　　　　　(b) 地方政府的决策问题

图 4-4　博弈的纳什均衡图

当居民户将地方政府讨价还价的力度 B_G 视为给定时，其最优选择是最大化 $\gamma_H \ln(1 + x_H) - x_H$；与此类似，当地方政府将居民户的讨价还价的力度 B_H 视为给定时，其最优选择是最大化 $\gamma_G \ln(1 + x_G) - x_G$。因此（4-17）式和（4-19）式所代表的解 $(x_H^*, x_G^*) = (\gamma_H - 1, \gamma_G - 1)$ 为纳什均衡。

注意到，由于本书在居民户的决策问题中考虑了 $R_H > \gamma_H - 1$ 的约束，这意味着居民户的初始禀赋充分大，而且在地方政府的问题中没有考虑初始禀赋的约束。假设地方政府有足够的能力筹集足够的资金以进行开发，因此我们有以下结论：

结论 1：如果不考虑初始禀赋的约束，居民户与地方政府就征地拆迁补偿的谈判支出取决于双方各自讨价还价的支出效率。

这意味着，居民户的谈判支出与其进城后收入无关。事实上，一般成功的"钉子户"都有"关系"或信息优势，否则难以抗拒来自开发商或地方政府的压力（冯玉军，2007）。

结论 2：只要居民户与地方政府的谈判效率满足一定要求，则居民户与地方政府通过谈判都使得自身目标得到更好的满足，因此居民户与地方政府都有动力进行谈判。

另外，由于土地出让金 P_F 是确定的，因此居民户与地方政府仅就土地流转交易所得的总和为：

$$\underbrace{P_F - \gamma_H \ln(1+x_H) + \gamma_G \ln(1+x_G) - x_G}_{\text{地方政府净收益}} + \underbrace{\gamma_H \ln(1+x_H) - \gamma_G \ln(1+x_G) - x_H}_{\text{居民户净收益}}$$

$$= P_F - x_G - x_H \tag{4-21}$$

不难发现，居民户与地方政府的谈判支出减少了可供分配的资源——切蛋糕的时候，蛋糕变小了！所以，我们还可以得到如下结论：

结论3：居民户与地方政府的谈判支出是一种交易成本，尽管其增加了谈判双方各自的净收益，但是却减少了社会的总收益。

另外，由于作为交易成本的谈判支出仅取决于居民户与地方政府之间的谈判效率，而只要谈判双方的谈判效率满足一定要求时，双方就有动力进行谈判，这与谈判对象并无关联。因此，可以得到如下结论：

结论4：如果开发商具有与地方政府相同的谈判效率，即使地方政府完全独立于土地流转交易，那么整个社会为土地流转所支付的交易成本也不会降低。

尽管该结论是基于特定模型得到的，但其却指出了一个重要事实：只是单纯让地方政府退出土地流转交易，而使居民户与开发商在市场条件下进行谈判，未必能够真正解决土地流转中交易成本过高的问题。在相同的法制环境条件下，不论居民户的谈判对象是地方政府还是开发商，土地流转中的冲突都未必减少，而交易成本也未必降低。

2. 流转后土地的利用效率

社会总产出的增加与经济绩效的提高只有在对土地进行投资的情况下才能够实现。在现实条件下，土地产出的增加取决于地方政府和开发商两者的投资——地方政府投资基础设施、开发商进行商业开发与投资，因此流转后土地的利用效率取决于地方政府与开发商之间的关系。

对开发商的问题求解，不难得到：

$$\begin{cases} S_F > 0, & (1-\tau_L)(1-\alpha)AI_G^\alpha(1+r)^{-\alpha}(R_F-P_F)^{-\alpha} < 1 \\ S_F = 0, & (1-\tau_L)(1-\alpha)AI_G^\alpha(1+r)^{-\alpha}(R_F-P_F)^{-\alpha} \geq 1 \end{cases} \tag{4-22}$$

由此开发商的最优投资为：

$$I_F^* = \min\left\{(1-\tau_L)^{\frac{1}{\alpha}}uI_G, (1+r)(R_F-P_F)\right\}, \tag{4-23}$$

其中：

$$u = ((1-\alpha)A)^{\frac{1}{\alpha}} \qquad (4-24)$$

很显然，$u > 0$。

注意到，（4-23）式给出了如下结论：

结论 5：在资源约束较紧的情况下，开发商的投资与土地出让金的高低成反方向变化关系；在资源约束较宽松的情况下，开发商的投资与地方政府投资成同方向变化关系。

因此开发商的净收益等于：

$$\begin{cases} \dfrac{(1-\tau_L)^{\frac{1}{\alpha}}uI_G}{1+r}\left[Au^{-\alpha}-2\right]+R_F-P_F, & \dfrac{1-\tau_L}{(1+r)^\alpha}u^\alpha I_G^\alpha (R_F-P_F)^{-\alpha}<1 \\[3mm] \left[(1-\tau_L)AI_G^\alpha (1+r)^{-\alpha}(R_F-P_F)^{1-\alpha}-(R_F-P_F)\right], & \dfrac{1-\tau_L}{(1+r)^\alpha}u^\alpha I_G^\alpha (R_F-P_F)^{-\alpha}\geq 1 \end{cases} \qquad (4-25)$$

开发商愿意购买土地并进行开发的参与性约束条件是（4-25）式中任意项不小于 R_F，否则开发商愿意将初始资源禀赋留存，既不买地也不投资。为简单起见，我们假设开发商的参与性约束条件自然得到满足，否则整个博弈无需展开，其参与性约束条件为：

$$\begin{cases} \dfrac{(1-\tau_L)^{\frac{1}{\alpha}}uI_G}{1+r}\left[Au^{-\alpha}-2\right]+R_F-P_F\geq R_F, & \dfrac{1-\tau_L}{(1+r)^\alpha}u^\alpha I_G^\alpha (R_F-P_F)^{-\alpha}<1 \\[3mm] \left[(1-\tau_L)AI_G^\alpha (1+r)^{-\alpha}(R_F-P_F)^{1-\alpha}-(R_F-P_F)\right]\geq R_F, & \dfrac{1-\tau_L}{(1+r)^\alpha}u^\alpha I_G^\alpha (R_F-P_F)^{-\alpha}\geq 1 \end{cases} \qquad (4-26)$$

当征地拆迁补偿与地方政府谈判支出确定的时候，地方政府的决策问题可以写为：

$$\max \quad P_F+\frac{1}{1+r}\left(\tau_L AI_G^\alpha I_F^{1-\alpha}-I_G\right) \qquad (4-27)$$

注意到，地方政府与开发商都将对手的决策结果而非策略作为已知，但是由于地方政府知道开发商的 R_F，这样地方政府可以通过调整土地出让金 P_F 以及政府投资 I_F，使得开发商的投资总是保持在 R_F-P_F，而地方政府由此可以得到开发商的储蓄，因此地方政府的问题变为：

$$\max \quad P_F+\frac{1}{1+r}\left\{\tau_L AI_G^\alpha\left[(1+r)(R_F-P_F)\right]^{1-\alpha}-I_G\right\} \qquad (4-28)$$

根据（4-22）式，此时要求：

$$(1-\tau_L)(1-\alpha)AI_G^\alpha (1+r)^{-\alpha}(R_F-P_F)^{-\alpha}\geq 1 \qquad (4-29)$$

即开发商的储蓄为 0 所对应的边际收益要求。

其最优土地出让金与投资为：

$$P_F + \frac{1-\alpha}{\alpha} \frac{I_G}{1+r} = R_F \tag{4-30}$$

如果将地方政府与开发商对土地投资数量作为流转后土地利用效率的度量，那么（4-29）式给出结论 6。

结论 6：土地出让金与土地利用效率成反方向变化关系：土地出让金越高，流转后土地利用效率越低；土地出让金越低，流转后土地利用效率越高。

将（4-29）式代入（4-28）式消去可以得到地方政府通过卖地以及对土地投资征税的所得：

$$R_F + \frac{1}{1+r}\left[\tau_L A\left(\frac{1-\alpha}{\alpha}\right)^{1-\alpha} - \frac{1}{\alpha}\right]I_G \tag{4-31}$$

很显然，当且仅当满足如下条件时：

$$\tau_L A\left(\frac{1-\alpha}{\alpha}\right)^{1-\alpha} - \frac{1}{\alpha} > 0 \tag{4-32}$$

地方政府的投资才不会停留在最低水平 $I_{G,min}$。因此可以得到地方政府的土地出让金定价与投资如下：

$$(P_F, I_G) = \begin{cases} \left(R_F - \dfrac{I_{G,min}}{(1+r)\alpha}, I_{G,min}\right), & \tau_L < \dfrac{1}{(1-\alpha)^{1-\alpha}A\alpha^{\alpha}} \\[3mm] \left(R_F - \dfrac{I_G}{(1+r)\alpha}, I_G\right), & \tau_L = \dfrac{1}{(1-\alpha)^{1-\alpha}A\alpha^{\alpha}} \quad ① \\[3mm] (0, (1+r)\alpha R_G), & \tau_L > \dfrac{1}{(1-\alpha)^{1-\alpha}A\alpha^{\alpha}} \end{cases} \tag{4-33}$$

注意到，将（4-30）式代入（4-29）式可得：

$$\tau_L \leq 1 - \frac{1}{(1-\alpha)^{1-\alpha}A\alpha^{\alpha}} \tag{4-34}$$

根据此前的讨论，（4-34）式必须得到满足。为简便见，作如下代换：

$$\delta = \frac{1}{(1-\alpha)^{1-\alpha}A\alpha^{\alpha}} \tag{4-35}$$

$$\varepsilon = 1 - \frac{1}{(1-\alpha)^{1-\alpha}A\alpha^{\alpha}} \tag{4-36}$$

---

① 这里，我们假定地方政府在选择土地出让金为 0 的时候，仍然可以满足贴现财政盈余大于 0。

在这里仅关注 $\delta < \varepsilon$ 的情况。不难得知，在既定的投资效率 A 不变的条件下，决定地方政府投资行为的是税率 τ_L，即地方政府对土地增值收益的分享能力。当税率 $\tau_L < \delta$ 时，地方政府只愿意将投资维持在最低水平 $I_{G,min}$，而收取尽可能高的土地出让金；但当税率 $\tau_L \geqslant \delta$ 时，地方政府则愿意降低土地出让金，而将其投资增大。在前一种情况下，开发商的投资也被限制在较低的水平上，而后一种情况下，开发商的投资则在较高的水平上。很显然，当地方政府与开发商对土地的投资都处于低水平时，土地并未得到较好的开发，土地利用效率低；当两者的投资处于高水平时，则土地得到较好开发，土地利用效率高。因此，我们有结论：

> **结论 7**：地方政府对土地增值收益的分享比例是影响土地利用效率的关键变量。当地方政府的分享比例过低时，将会导致土地被低效率的利用；当分享比例高于一定程度时，土地的利用效率会较高。

该结论指出了当前地方政府重土地流转而轻土地开发的原因——对土地增值收益的分享比例太低。现实中，土地流转后能给地方政府提供一次性的收入来源而非持久的收入来源就更加降低了这种分享比例，由此也加剧了重流转、轻开发的矛盾。除此之外，观察（4-35）式和（4-36）式不难得到，δ 随 A 增大而降低，ε 随 A 增大而增大，因而有结论：

> **结论 8**：当土地的区位、技术水平以及所在地区的制度效率等影响投资效率的因素愈佳时，即使地方政府对土地增值收益的分享比例有限，地方政府亦可能有动力增大投资，使土地得到高效率利用；反之，土地则有可能被低效率利用。

我们可以从经济直觉来理解该结论：如果某一块土地投资后升值幅度很高，那么即使地方政府对于升值收益的分享份额较低，也有可能仍然高于地方政府投资的边际收益，因而地方政府愿意与开发商共同开发土地；但是如果该土地投资后升值能力有限，加上地方政府对升值收益的分享份额较低，那么地方政府投资的边际收益较低，因而地方政府更愿意卖地而非对土地进行开发。从现实来看，重卖地、轻开发的现象多发生于经济不发达地区，而较少发生于经济发达地区。

值得注意的是，在影响流转后土地利用效率的因素中，地方政府对土地增值收益的分享比例是更加重要的，因为可以通过税收制度的改革来实现预想的目的。但是这并不意味着该税率越高越好，当税率过高的时候，（4−26）式中开发商的参与性约束条件将得不到满足，这意味着开发商将退出土地流转开发。

三、城市土地资源市场配置方案解析

（一）模型构建

在这一部分我们考察一种针对当前土地流转中所存在问题的可能解决方案。在这个方案中，土地流转交易由居民户与开发商直接谈判，并且居民户可以参与土地增值收益的分配；地方政府退出土地流转交易，只参与土地开发利用。需要指出的是，对这个可能的解决方案进行讨论，并不意味着我们认为这是完美无缺的解决方案。相反，我们试图提前发现方案中可能存在的问题，并且求得相应的对策。

居民户的基本设置与前文中一致，在第 1 期中，居民户与开发商就征地拆迁补偿进行谈判，谈判所获得的征地拆迁补偿价格为 $P_H = \gamma_H \ln(1 + x_H) - \gamma_F \ln(1 + x_F)$，其中，$\gamma_F$ 是开发商的谈判效率；x_F 是开发商的谈判支出；假设 $\gamma_F = \gamma_G$，即开发商继承了地方政府的谈判特征。另外，居民户在第 2 期可以从开发商处按 $\chi \in (0,1)$ 比例获得土地增值收益，即如果地方政府和开发商的投资分别为 I_G 和 I_F 时，居民户在第 2 期可以获得 $\chi A I_G^\alpha I_F^{1-\alpha}$。因此，居民户的决策问题为：

$$\begin{aligned} \max \quad & \ln C_1 + \beta \ln C_2 \\ \text{s.t.} \quad & C_1 + S_H \leqslant \gamma_H \ln(1 + x_H) - \gamma_F \ln(1 + x_F) + R_H - x_H + w \\ & C_2 \leqslant (1 + r)S_H + w + \chi A I_G^\alpha I_F^{1-\alpha} \end{aligned} \qquad (4-37)$$

地方政府退出土地流转交易，其财政收入只来源于对开发商征收的税收，为避免混淆，将税率记为 τ_H，而地方政府的财政支出为对土地的开发投资 I_G。另外，第 1 期期初地方政府拥有 R_G 单位的资源，因此追求贴现财政盈余最大化的地方政府的决策问题为：

$$\max \quad \frac{1}{1+r}\tau_H A I_G^{\alpha} I_F^{1-\alpha} + S_G \tag{4-38}$$
$$\text{s.t.} \quad I_{G,\min} \leq I_G \leq (1+r)(R_G - S_G)$$

其中：S_G 是地方政府不愿意投资而作的储蓄。假设 R_G 充分大。

由于开发商与居民户直接就征地拆迁补偿进行谈判，因此开发商的决策问题变为：

$$\max \quad -P_H - x_F + \frac{1}{1+r}(1 - \tau_H - \chi)A I_G^{\alpha} I_F^{1-\alpha} + S_F \tag{4-39}$$
$$\text{s.t.} \quad I_F \leq (1+r)(R_F - P_H - x_F - S_F)$$

我们依然假设各参与人将对手的决策结果作为给定，但开发商的初始禀赋为公共信息。

（二）模型求解

当地方政府退出土地流转交易时，其决策问题是最为简单的，因此首先对其进行考虑。在充分大的时候，最优的地方政府投资将满足：

$$\frac{1}{1+r}\alpha\tau_H A I_G^{*\alpha-1} I_F^{1-\alpha} = \frac{1}{1+r} \tag{4-40}$$

所以：

$$I_G^* = (\alpha\tau_H A)^{\frac{1}{1-\alpha}} I_F \tag{4-41}$$

从（4-40）式不难得到如下结论：

结论 9：在地方政府只参与土地开发利用过程时，地方政府的投资将随着开发商投资的增加而增加，并且，当地方政府通过税收方式对土地增值收益的分享比例提高或土地区位、制度环境等影响投资效率的因素愈佳的时候，地方政府的投资额度愈高。

很显然，在地方政府完全退出土地流转交易而只参与土地开发利用时，地方政府将更加关注对土地的投资，由此流转后的土地也将得到更有效率的开发与利用。但是，需要注意的是，从现实来看，由于当前地方政府的支出具有较强的刚性，因而新方案必须保证地方政府的财政收入不会大幅度降低，而这要求度量地方政府对土地增值收益分享比例的税率 τ_H 不低于一定水平，否则该方案必然会遭到地方政府的抵制。另外，在新方案中地方政府只能在第 2 期取得财政收入，因此其亦需要资助以应对第 1 期的财政支出——这相当于制度变迁过程中的启动资金。因此，可以得到结论：

结论 10：实施让地方政府退出土地流转交易的制度变迁，需要提高地方政府对土地增值收益的分享比例，同时也需要为地方政府在制度变迁过程中的财政支出提供保障。

在现实中，根据结论 10 不难得到相应的政策建议：赋予地方政府对土地开征财产税的权利，并且让这种税成为能够持久为地方政府提供财政收入的税种；增大中央政府对地方政府的税收返还，以推进地方政府从土地流转交易过程中退出的制度变迁。

关于土地流转的交易成本问题，对居民户的决策问题进行求解不难得到居民户的最优消费决策：

$$
\begin{cases}
C_1 = \dfrac{1}{1+\beta}\left[\gamma_H \ln(1+x_H) - \gamma_F \ln(1+x_F) + \dfrac{\chi A I_G^\alpha I_F^{1-\alpha}}{1+r} + R_H - x_H + \dfrac{2+r}{1+r}w\right] \\[3mm]
C_2 = \dfrac{\beta(1+r)}{1+\beta}\left[\gamma_H \ln(1+x_H) - \gamma_F \ln(1+x_F) + \dfrac{\chi A I_G^\alpha I_F^{1-\alpha}}{1+r} + R_H - x_H + \dfrac{2+r}{1+r}w\right]
\end{cases}
\tag{4-42}
$$

观察（4-41）式可以发现，如果开发商的投资与土地出让金以及开发商的谈判支出成反向变动关系，则居民户有可能主动降低谈判支出，以换取更高的土地增值收益分享，但是这一点在开发商的投资并不受到土地出让金与谈判支出影响时未必成立。

考察（4-39）式中开发商的问题，如果开发商的初始禀赋 R_F 充分大，则开发商在完成与居民户的谈判以及投资后，其储蓄大于 0，即开发商并没有将所有的资源用于与土地开发相关的支出上，那么其最优的谈判支出和投资决策为：

$$
x_F^* = \gamma_F - 1 \tag{4-43}
$$

和

$$
I_F^* = (1-\alpha)^{\frac{1}{\alpha}}(1-\tau_H-\chi)^{\frac{1}{\alpha}}A^{\frac{1}{\alpha}}I_G \tag{4-44}
$$

不难发现，此时开发商的谈判支出与本书第二部分中地方政府的谈判支出一致。而居民户知道其谈判支出不会通过影响开发商的投资进而影响居民户的对土地增值收益的分享，因而其谈判支出亦与此前相同，故而有结论：

结论 11：当开发商的投资不受到土地出让金以及谈判支出影响时，即使由居民户与开发商直接谈判且居民户参与土地增值收益分配，也不能够降低土地流转的交易成本。

但是，当开发商的初始禀赋有限时，其初始禀赋将全部用于与土地流转开发相关的支出上，则其决策问题变为：

$$\max - P_H - x_F + \left[(1 - \tau_H - \chi)AI_G^\alpha(1 + r)^{-\alpha}(R_F - P_H - x_F)^{1-\alpha} - (R_F - P_H - x_F)\right] \qquad (4-45)$$

对其所能控制的变量 x_F 求导可以得到开发商的最优谈判支出依然为：

$$x_F^* = \gamma_F - 1 \qquad (4-46)$$

但是观察（4-41）式，居民户最大化消费时对谈判支出的一阶导数必须等于 0，因此有：

$$x_H^* = \gamma_H - 1 - \frac{(1 - \alpha)\chi AI_G^\alpha(R_F - P_H - x_F)^{-\alpha}}{(1 + r)^\alpha}\gamma_H \qquad (4-47)$$

注意到：

$$\frac{(1 - \alpha)\chi AI_G^\alpha(R_F - P_H - x_F)^{-\alpha}}{(1 + r)^\alpha} > 0 \qquad (4-48)$$

因此（4-46）式所代表的居民户最优谈判支出低于（4-17）式所代表的居民户最优谈判支出。在开发商谈判支出不变的条件下，由于居民户的谈判支出降低，所以土地流转的交易成本降低了。注意，在这里我们尚未应用征地拆迁补偿 $P_H \geq 0$ 或 $(1 + x_H)^{\gamma_H} \geq (1 + x_F)^{\gamma_F}$ 的条件，其应用的结果可能是土地流转的交易成本进一步降低，我们将该工作留给有兴趣的读者证明，本书在此不赘述。但是，以上的分析已经可以给出结论：

结论 12：当开发商的投资受到土地出让金以及谈判支出影响时，如果居民户与开发商直接谈判且居民户参与土地增值收益分配，那么这种制度安排可以降低土地流转的交易成本。

结论 12 是一个极为关键的结论，其指出了让居民户参与土地增值收益分配可以降低土地流转交易成本的可能性。事实上，如果考虑未来土地收益不确定性，那么让居民户参与土地增值收益分配也是一种将不确定性信息化为确定性信息从而降低争议的办法——如果不让居民户参与土地增值收益分配，则土地流转交易双方需要在交易当期对土地未来收益进行预期，然而土地作为一种资产其未来的收益充满不确定性，况且在缺乏成熟有效的土地流转市场时，这种预期更是极难达成一致；让居民户参与土地增值收益分配，则土地流转交易双方都是基于对当期收益进行博弈，其讨价还价的基础是确定性的信息，从而较容易达成一致。但是，尽管结论 12 给出了令人振奋的结论，但是其前提条件是不容忽视的——结论 11 从反方面说明了这一点。其启示是：如果地方政府介入土地流转谈判并且偏袒开发商而给予开发商相应的资金支持，则有可能增大土地流转的交易成本，而非相反。为了避免这种情况的发生，则需要对地方政府的行为进行约束，使其在土地流转交易中保持中立。当然，居民户产权的保护与法制建设是必不可少的。

四、市场机制更有利于城市土地流转

当前城市土地流转中所形成的两个基本问题（土地流转的交易成本与流转后土地开发利用效率）的关键点在于政府参与未来土地开发增值收益的分配结构。在当前条件下，由于地方政府参与未来土地开发增值收益分配的比例极低，这在一方面导致其有动力运用公权力对居民户权益进行干扰，使居民户无法在"被城市化"和"被开发"过程中寻求足够的补偿，形成了以"钉子户"为代表的社会问题；另一方面，导致开发商的土地出让金压力和土地开发投资之间形成"挤占"关系，在地方政府对基础设施投资意愿低下的情况下，则进一步降低了土地开发利用的效率。但是，如同本书一再强调的，问题的解决之道不能仅仅"让地方政府退出，由居民户与开发商直接谈判"这种内涵不甚清晰的市场化办法——尽管解决问题的根本出路在于市场化，然而市场化的道路却不是唯一的。这实际上是对缺乏合理定价机制的简单市场化方案运行后结果的刻画，尽管这种刻画带有预测性质，但是却至少提醒人们：解决中国城市土地流转问题的根本方向在于土地制度向市场化方向改革。只不过我们亦需要探讨如何市场化，如何设计相应的机制，从而使制度变迁过程中的摩擦成本更低。讨价还价博弈的发生实质上基于信息不对称环境，因此在设计相应的市场机制时，可以从显示机制入手，使城市土地流转交易的参与者在掌握更多信息的条件下进行决策。

另外，尽管本书将现行土地流转制度条件下种种暴力行为都折算为经济学意义上的讨价还价行为，但这并不意味着本书否认清晰界定并保护居民户土地产权的重要性。相反，明晰有效的产权界定与保护可以使居民户、地方政府以及开发商无需再为界定不清的产权归属讨价还价，从而降低交易成本。现行土地制度下对于土地产权界定上有诸多不清晰之处，如《中华人民共和国土地管理法》第五十八条规定"为实施城市规划进行旧城区改建，需要调整使用土地的"，"土地出让等有偿使用合同约定的使用期限届满，土地使用者未申请续期或者申请续期未获批准的"等情形，政府可以收回国有土地使用权；又如冀县卿、钱忠好（2007）所讨论的土地制度在农村土地产权界定上的模糊性以及种种不当限制等。这些制度安排都实际上使城市土地流转的交易成本增加，增大了社会的摩擦。当居民户土地产权被清晰界定并有效保护时，城市土地流转的参与者就无需再为界定产权而进行讨价还价，从而降低了整个交易的成本。

总之，城市化是今后中国经济增长的主要动力，更是中国经历的最大的社会变迁。这既需要按照第十七届三中全会《中共中央关于推进农村改革发展若干重大问题决定》所提出的保证农民"进退自由"的权利，也需要按照中国共产党十八届三中全会的决定，保证农民土地财产权，提高农民在土地增值收益中的分配比例，实现人口和土地资源的市场配置，走高效的市场导向型城市化道路。

第四节　农地城市化流转机制解析与设计

农地城市化是指农业土地转化为非农城市建设用地，以及加以现代化开发的过程。当前农地城市化机制由农地征收制度和国有土地出让制度构成，地方政府取得了土地流转市场中的垄断地位，而农地城市化市场更被分割为土地流转交易和流转后土地开发利用两个独立市场。这不仅引致了土地开发中的低效率，更在土地增值收益分配中出现了公平的争议，引起了严重的社会问题。地方政府放弃对土地流转市场的制度性垄断和分割，允许居民户和开发商直接交易，实现农地城市化的市场化运作和城乡土地流转的一体化，是一个有效率的市场设计方案，不过需要保证地方政府合理的土地投资能力和动力。居民户权益的维护和土地流转市场制度完善根本上依赖于土地产权制度改革。构建农地城市化的市场机制符合新型城镇化的要求，有利于实现城乡要素平等交换。

一、当前农地城市化机制困境

中共十八大明确提出"城乡要素平等交换"，鉴于土地和劳动力是农民在城市化过程中仅有的可交换要素，那么实现要素城乡平等交换就成为新型城镇化过程中不得不面对的"三农"问题。2013 年 7 月，习近平（2013）在武汉调研涉农产权交易尤其是土地流转交易情况，提出"如何在坚持农村土地集体所有性质的前提下完善联产承包责任制，既保障基本农田和粮食安全，又通过合乎规范的流转增加农民收入？一系列问题在下一步改革中要好好研究"。可见，构建合适的机制去实现城乡土地要素平等交换，已经是当务之急。

当前我国土地征收制度和国有土地出让制度构成了一个完整的农地城市化①的机制，引起了广泛的研究讨论。对土地征收制度的反思最初集中于探求土地征用地价合理补偿标准和方法的问题，强调完善土地征收补偿立法，严格界定公共利益，防止地方政府滥征土地（黄祖辉、汪晖，2002），进而考察土地增值收益分配中地方政府与居民的比例（王小映等，2006），估计地方政府土地财政的规模（杨圆圆，2010）。也有研究探讨了当前农地城市化机制的影响及困境，论证了土地财政与城市房地产价格的上涨和地方经济发展的正相关性（周彬等，2010；辛波等，2010），指出这种土地财政对地方经济长期发展和社会稳定的威胁（刘守英、蒋省三，2005；陈志勇等，2010），建议加强公开化、透明化，提供多元化的纠纷解决方式和法律援助（冯玉军，2007）。也有学者反思了国有土地出让制度中"招拍挂"机制的绩效（苗天青，2004；刘扬，2010）。有学者进一步发掘当前农地城市化机制不良影响形成的

---

① 城市化包括城市化率的提高和城市现代化水平的提升两个部分。土地城市化就包括了农业用地向城市用地的转换和城市用地的现代化开发两个阶段。鉴于农地向非农用地的转换和相应的土地开发是一个连贯的过程，本书讨论的农地城市化是指农业土地转化为非农城市建设用地，以及加以现代化开发的过程。农地城市化市场就是农业土地转化为非农城市建设用地及开发配置的市场。同时，由于农地转化为非农用地可以区分为公益性和非公益性两种，本书仅以非公益性农地城市化作为讨论对象。

原因，探讨了当前土地征收制度下政府、农户和厂商行为（梁若冰，2009），指出现行土地制度下的非均衡性，土地财政在财政分权、土地征收制度下的必然性（钱忠好，2004；李尚蒲等，2010），进而提出实现土地城市化流转机制中城乡土地产权对等、城乡土地市场统一，实现土地征收制度的市场化的规范性的建议（陶然等，2005；张合林，2006）。

不过，已有研究留下了改进空间。首先，中国土地征收制度和国有土地出让制度及其形成的土地财政已经成为中国经济增长的重要机制（杜雪君等，2009），是从土地制度角度理解30多年来中国经济增长的着眼点。然而，农地征收和城市土地开发一直作为两个问题被分开讨论，降低了解释力。其次，现有研究主要基于规范理论模型，比如"最高限价"理论、"边际"分析等，或者行为主体之间的静态博弈分析（雷震等，2006），不能比较好地拟合中国农地城市化制度下的主体经济行为，也就不能比较清晰地说明当前机制的缺陷。最后，已有改革建议虽然很丰富，但是缺乏运用理论工具对改革细节的规划，不能与原有制度比较，难以回应一些质疑和忧虑。

市场设计或曰市场机制设计理论是以"市场机制"为对象的机制设计，为整体考察当前农地城市化市场机制及其改革方案提供了理论工具。在此尝试模型化中国农地城市化市场机制的市场结构，进而从讨价还价理论和市场设计角度考察主体行为及市场效率和分配公平，最后按照已有研究模拟一个农地城市化的市场化机制，检验其市场绩效，并提出改革方案应配套财政制度改革。

二、既有农地城市化机制的市场垄断与市场分割

在城乡二元土地所有制度下，地方政府不仅垄断了农地非农化的土地开发权，还进一步排挤和剥夺农地集体土地所有权和土地发展权（黄祖辉、汪晖，2002；文贯中，2008），取得了农地城市化市场买方垄断和城市土地市场卖方垄断的双向垄断地位，引起了土地流转市场的分割。这种市场分割不仅包括非农建设用地市场的城乡分割（钱忠好等，2007），还包括农地城市化机制被分割为农地非农化和新增城市用地再

配置两个独立市场。第一个市场是土地征用市场，即地方政府给予居民户补偿换取土地产权，居民户会采取上访、上诉、"钉子户"等方式与地方政府讨价还价，实现农地转化为非农用地。第二个市场是国有土地出让市场，即地方政府通过"招拍挂"方式将国有土地产权转让给开发商，完成土地开发。下文将首先分别探讨两个市场的绩效，然后整体考察当前农地城市化机制面临的效率和公平问题。

（一）模型设定

农地城市化涉及三个市场主体，即居民户、地方政府和开发商。假设土地流动在一个周期内完成，居民户持有的土地是面积确定且不可分割的。在讨价还价中，对手的决策结果而非策略当做已知。

1. 居民户

居民户是拥有土地并在两个生存期内追求总效用 U 最大化的理性人。居民户 j 第 i 期的效用函数 $U_{ji} = U(C_{ji})$ 是正且严格拟凹的，$f(L_{ji}, w_{ji}, R_{hji}, R_{hj(i-1)}, T_{ji}) = L_{ji} + w_{ji} + R_{hj(i-1)} - R_{hji} + T_{ji}$，$U(C_{ji}) = \ln C_{ji}$，$i \in (1,2)$，$j \in (1, \cdots, M)$。其中，$L_{ji}$ 是该居民户的农地收入，假设每年固定不变 L_j。W_{ji} 是该农户的非农收入，不过在农地征收期间内维持不变，设为 w_j。R_{hj1} 是第 1 期的储蓄，$\bar{R}_{hj}$ 为初始禀赋。T_{ji} 是该农户取得的转移支付，代指失去农地的一次性补偿，设为 T_j。假设效用贴现率为 $\beta \in (0,1)$，利息率为 $r \in (0,1)$。居民户在第 1 期出让农地，取得补偿 T_j，永远失去农地收入 L_j。居民户初始禀赋 $\bar{R}_{hj}$ 可以用于当期消费、储蓄，或者讨价还价投资，追求最大化的补偿金额。也就是说，该期居民户面临两个决策问题：是否放弃农地？怎样与地方政府讨价还价？

第一个决策函数是：

如果接受征地：

$$\max \quad \ln C_{j1} + \beta \ln C_{j2}$$

$$\text{s.t.} \quad \begin{cases} C_{j1} + R_{hj1} = \bar{R}_{hj} + T_j - x_j + w_j \\ C_{j2} = (1+r)R_{hj1} + w_j \end{cases} \tag{4-49}$$

否则：

$$\begin{cases} C_{j1} + R_{hj1} = \bar{R}_{hj} + L_j + w_j \\ C_{j2} = (1+r)R_{hj1} + L_j + w_j \end{cases}$$

第二个决策是补偿金额的讨价还价。假设补偿金额 $T_j = T_{Lj} + T_{xj} - x_j$，其中 T_{Lj} 是根据土地面积给予的初始补偿，T_{xj} 是居民户讨价还价支出 x_j 后得到的追加补偿。追加补偿由地方政府或商人与居民之间的讨价还价决定，$T_{xj} = \gamma_j \ln(1+x_j) - \gamma_y \ln(1+y_j)$。其中，$\gamma_j$ 和 γ_y 代表了居民和对手（地方政府或开发商）的谈判能力，都大于或等于 e，y 代表对手（地方政府或开发商）的讨价还价投入，并假设 $(1+x_j)^{\gamma_j} \geq (1+y_j)^{\gamma_y}$。如果居民接受 T_{Lj}，那么 T_{xj} 和 x_j 等于 0。如果预期 T_{xj} 大于 x_j，则会参与讨价还价。

对决策 1 求解，接受征地极大值为：

$$U_j^* = \ln\left[\frac{\bar{R}_{hj} + T_j - x_j}{1+\beta} + \frac{(2+r)w_j}{(1+\beta)(1+r)}\right] + \beta \ln \frac{\beta\left[(1+r)(\bar{R}_{hj} + T_j - x_j) + (2+r)w_j\right]}{1+\beta} \quad (4-50)$$

不接受征地，则极大值为：

$$U_j^{**} = \ln\left[\frac{\bar{R}_{hj}}{1+\beta} + \frac{(2+r)(w_j + L_j)}{(1+\beta)(1+r)}\right] + \beta \ln \frac{\beta\left[(1+r)\bar{R}_{hj} + (2+r)(w_j + L_j)\right]}{1+\beta} \quad (4-51)$$

那么，居民户的参与性约束条件是 $U_j^* \geq U_j^{**}$，则 $(1+r)(T_j - x_j) > (2+r)L_j$。

同时，U_j^* 对 T_j 和 x_j 求偏导数，$U_{jT_j}^{*\prime} = \dfrac{1 + \beta(1+r)}{(1+r)(\bar{R}_{hj} + T_j) + (2+r)w_j}$，$U_{jT_j}^* = U_{jx_j}^{*\prime}$。可见，偏导数 $U_{jT_j}^{*\prime} > 0$，$U_{jx_j}^{*\prime} < 0$。故而 U_j^* 是 T_j 的增函数，也是 x_j 的减函数。只要 $(1+r)(T_j - x_j) > (2+r)L_j$，居民户的决策问题就是如何与地方政府讨价还价，实现净追加补偿 $T_{xj} - x_j$ 的最大化。

$$\max \ (T_{xj} - x_j) = \max\left[\gamma_j \ln(1+x_j) - \gamma_y \ln(1+y_j) - x_j\right], \ x_j \leq \bar{R}_{hj} \quad (4-52)$$

2. 开发商

开发商是追求贴现利润 π 最大化的理性决策者。社会共有 K 个房地产开发商。第 k 个开发商拥有 $\bar{R}_{Fk}$ 单位资本，可用于通过"招拍挂"市场取得土地。一旦在第 1 期取得土地，开发商向地方政府支付土地出

让金 P_k，决定土地开发投资 I_{Fki}，或者储蓄起来，并在第 2 期取得收益。$\bar{R}_{Fk}$ 不一定只指开发商自有资本，也可以反映房地产开发商的融资能力。每个开发商具有不同的生产函数 $g_k = A_k I_{Fk}^{\alpha_k} I_{Gk}^{\beta_k} E_k^{1-\alpha_k-\beta_k}$。其中，$A_k$ 是一个度量投资效率的外生变量，其涵盖了土地的区位、技术水平以及所在地区的制度效率等因素，I_{Gk} 是地方政府在第 1 期对开发商 k 取得土地转化为非农用地需要的投资，主要表现为公共性质的基础设施投资，α_k、β_k 和（$1-\alpha_k-\beta_k$）则分别度量了开发商投资、地方政府投资与土地要素的贡献率，E_k 是该开发商取得的土地。税率 τ 度量了地方政府对土地开发收益的分享能力，征税对象为土地产出 g_k。因此，开发商的决策问题是：

$$\max \quad \pi_k = \max \frac{1-\tau}{1+r} A_k I_{Fk}^{\alpha_k} I_{Gk}^{\beta_k} E_k^{1-\alpha_k-\beta_k} + \bar{R}_{Fk} - P_k - I_{Fk} \tag{4-53}$$

其中：$I_{Fk} + P_k \leqslant \bar{R}_{Fk}$。

求解后有：

$$\pi_k^* = \begin{cases} \alpha_k^{\frac{\alpha_k}{1-\alpha_k}} \left[A_k I_{Gk}^{\beta_k} E_k^{1-\alpha_k-\beta_k} \frac{1-\tau}{1+r} \right]^{\frac{1}{1-\alpha_k}} + \bar{R}_{Fk} - P_k - I_{Fk}^*, \quad I_{Fk}^* \leqslant \bar{R}_{Fk} - P_k \\ \frac{1-\tau}{1+r} A_k \left(\bar{R}_{Fk} - P_k \right)^{\alpha_k} I_{Gk}^{\beta_k} E_k^{1-\alpha_k-\beta_k}, \quad I_{Fk}^* > \bar{R}_{Fk} - P_k \end{cases} \tag{4-54}$$

其中：$I_{Fk}^* = \left[\alpha_k A_k I_{Gk}^{\beta_k} E_k^{1-\alpha_k-\beta_k} \frac{1-\tau}{1+r} \right]^{\frac{1}{1-\alpha_k}}$。

3. 地方政府

地方政府是追求贴现加总财政盈余 R_G 最大化的理性决策者，在土地城市化中参与土地增值收益的分配。已有研究将地方政府的土地财政收入区分为三个部分：建筑业和房地产行业带来相关税费收入，土地出让金、以土地为抵押获取债务收入，其他收入（李尚蒲等，2010）。根据农地城市化的阶段性，地方政府参与土地增值收益分配的决策简化为两个阶段。第一个阶段就是农地非农化的阶段的财政。地方政府拥有初始财政盈余 $\bar{R}_G$。财政支出为征地拆迁补偿 $T = \sum_{j=1}^{M} T_j$、与居民户的讨价还价支出 $Y = \sum_{j=1}^{M} y_j$、土地投资 $I_G = \sum_{k=1}^{K} I_{Gk}$、农地税收收入损失。其中，M 是居民户的数量，K 是取得土地的开发商的数量。由于我国已经免除农业税，农业税收收入为零。在第二个阶段地方政府取得土地后的税收收入，包括来源于开发商支付的土地出让金和土地税费收入 $P = \sum_{i=1}^{K} p_i$，并且对土地开发收益按照税率 τ 征税，其中假设 P 在第一个阶段是能够为地方政府理性预期的，而居民户不了解相关信息，因此地方政府的决策问题是：

$$\max \quad P - T - Y + \frac{\tau}{1+r} \sum_{i=1}^{K} \left(A_k I_{Fk}^{\alpha_k} I_{Gk}^{\beta_k} E_k^{1-\alpha_k-\beta_k} - I_{Gk} \right) + \bar{R}_G \tag{4-55}$$

其中：$\sum_{i=1}^{K} I_{Gk} \leq \bar{R}_G$。

地方政府为了最大化财政收入，既要争取征地补偿和讨价还价成本的最小化，又要追求土地出让金和土地收益税收收入的最大化，寻求两个市场的平衡点，即土地征收市场上补偿金额 T 与讨价还价支出 Y、土地投资 I_G 与税收收入之间的平衡点。当地方政府追求土地税收收益求解有：

$$R_{Gk}^* = P - T - Y + \frac{\tau}{1+r} \sum_{i=1}^{K} \left(A_k I_{Fk}^{\alpha_k} I_{Gk}^{*\beta_k} E_k^{1-\alpha_k-\beta_k} - I_{Gk}^* \right) + \bar{R}_G \tag{4-56}$$

其中：$I_{Gk}^* = \left[\beta_k \frac{\tau}{1+r} A_k I_{Fk}^{\alpha_k} E_k^{1-\alpha_k-\beta_k} \right]^{\frac{1}{1-\beta_k}}$，$\sum_{i=1}^{K} I_{Gk}^* \leq \bar{R}_G$。

地方政府进一步追求土地征收市场成本最小化，有：

$$\min \left(T_{xj} + y_j \right) = \min \gamma_j \ln(1+x_j) - \gamma_y \ln(1+y_j) + y_j, \quad \sum_{j=1}^{M} y_j \leq P \tag{4-57}$$

（二）土地征用市场中居民户与地方政府的讨价还价分析

土地征用市场是关于农地转化为非农用地的买方垄断市场。由于土地征收行为的行政强制性，市场厚度不足，市场定价机制主要表现为居民户与地方政府围绕土地补偿金的讨价还价。由于农户没有退出被征地的退出权，居民户的参与性约束条件被漠视，一旦地方政府提出征地要约，农户被强制放弃土地产权，只能选择合作或者斗争。若是农户斗争，地方政府可以选择答应农户要求，或者参与斗争，或者直接退出。同时需要注意的是，当前的农地补偿方式是地方政府给予农户一次性资金补偿，农户不能参与农地未来增值收益的分配，形成围绕补偿金额的零和博弈。

1. 居民户的决策

居民只有一个决策，即净追加补偿（$T_{xj} - x_j$）的最大化。对（4-

52）式求解有： $x_j^* = \gamma_j - 1$ ， $T_{xj}^* = \gamma_j \ln(\gamma_j - 1) - \gamma_y \ln(1 + y_j)$ 。

如果 $T_{xj}^* - x_j^* > 0$ ，则居民参与讨价还价，否则选择接受。

可见，居民是否参与讨价还价与其讨价还价能力直接相关。只要满足一定的讨价还价能力，且讨价还价支出不大于初始禀赋 $x_j \leqslant \bar{R}_{hj}$ ，那么居民户就有动力与地方政府讨价还价。如果居民户不选择斗争，收入为 $\sum_{j=1}^{M} T_{Lj}$ ，选择斗争而地方政府退出则为 $\left(-\sum_{j=1}^{M} x_j ,\ 0 \right)$ ；若是斗争后依然能够顺利完成土地开发，则收入为 $T - \sum_{j=1}^{M} x_j$ 。

2. 政府行为决策

地方政府寻求征地补偿的最小化，并在 Y 和 T 之间寻求一种均衡。求解（4-57）式有： $y_j^* = \gamma_y - 1$ ， $T_{xj}^* = \gamma_j \ln(1 + x_j) - \gamma_y \ln(\gamma_y - 1)$ 。

地方政府首先会依据有关规定给予一个初始补偿，如果居民斗争，则地方政府会继续讨价还价，并在 $P - T - Y \leqslant 0$ 时退出征地。现实生活中，由于在城乡二元土地制度下，土地增值额巨大，地方政府一般很少会退出（黄季焜等，2008）。地方政府按照其规划，而不是完全依据土地开发价值决定土地开发范围。

3. 讨价还价分析

如果该市场实现均衡，那么博弈结果如图4-5所示。

由于之前假设 $(1 + y_j)^{\gamma_y} \leqslant (1 + x_j)^{\gamma_j}$ ，所以可知 γ_j 越大， γ_y 越小，追加补偿越多。讨价还价的均衡结果取决于 T，也就是各自的讨价还价能力和讨价还价支出。为了补偿金额的最大化，农户会寻求关系、上访、媒体监督等方式提高自己的讨价还价能力，或者采取一些策略性行为掩藏自己的土地出让意愿。地方政府会利用包括非经济力量的各种资源来实现取得土地成本的最小化，降低农户的谈判能力 γ_j ，提高农户的谈判成本 x_j ，比如有意地放松上访制度，增加上访成本。降低农户讨价还价能力最有效的方式是稀释农民土地产权，在法律上模糊农民的产权界定，阻止农民土地产权朝私有化方向发展。

地方政府

		合作	斗争	退出
居民户	合作	$\displaystyle\sum_{j=1}^{M} T_{Lj}$ ， $\displaystyle P - \sum_{j=1}^{M} T_{Lj}$	$\displaystyle\sum_{j=1}^{M} T_{Lj}$ ， $\displaystyle P - \sum_{j=1}^{M}\left(T_{Lj} + y_j\right)$	0，0
	斗争	$\displaystyle\sum_{j=1}^{M}\left(T_{Lj} + T_{xj} - x_j\right)$, $\displaystyle P - \sum_{j=1}^{M}\left(T_{Lj} + T_{xj}\right)$	$\displaystyle\sum_{j=1}^{M}\left(T_{Lj} + T_{xj} - x_j\right)$, $\displaystyle P - \sum_{j=1}^{M}\left(T_{Lj} + T_{xj} + y_j\right)$	$\displaystyle -\sum_{j=1}^{M} x_j$ ，0

注：$T_{xj}^{*} = \gamma_j \ln\left(\gamma_j - 1\right) - \gamma_y \ln\left(\gamma_y - 1\right)$。

图 4-5　土地征用机制下的博弈收益矩阵

地方政府会利用包括非经济力量的各种资源来实现其低价取得土地的目的，在讨价还价中占据优势。地方政府降低居民讨价还价能力不仅可以降低追加补偿的金额，而且可以降低居民参与讨价还价的可能性。现实生活中，很多居民由于缺乏讨价还价能力，谈判的成本过高甚至大于收益，被迫接受初始补偿（林俊荣，2006）。这样，地方政府与农户谈判能力上的不均衡就容易形成（合作，合作）均衡，不过同时导致了农地升值中地方政府与农户的分享比例失衡，农民一般只能得到小部分。

对于农民而言，斗争不仅是具备足够的谈判能力、追求利益最大化的主动选择，也可能是参与性约束条件被忽视后的被迫选择。如前所述，农户接受征地的参与性约束条件就是 $(1 + r)\left(T_j - x_j\right) > (2 + r)L_j$。不过当前的土地补偿标准不仅偏低，而且具有简单统一的性质，不能满足差异性的土地补偿需求。如果被征土地具有级差地租差异或者祖坟、祖宅、高产农田等特殊价值，那么就一定有部分农户的利益受损。于是普遍存在农户参与性约束条件不满足的情形，农户会被迫选择与地方政府讨价还价。在当前巨额土地财政收入诱惑下，地方政府不会轻易退出征地，最后的均衡只会是（斗争，斗争）均衡。当前较低的补偿标准使得（斗争，斗争）具有普遍性。从社会福利来看，居民户的谈判支出 $\displaystyle\sum_{j=1}^{M} x_j$

和地方政府的谈判支出 $\sum_{j=1}^{M} y_j$ 都是社会交易成本，只要有一方选择斗争就面临社会福利的损失（黄义衡、熊金武，2013）。以"钉子户"和强拆为代表的讨价还价就是当前土地征收制度高社会成本的体现。这种讨价还价导致了严重的效率损失和公平争议。因为农户由于利益诉求无法得到满足，避免或抵制土地征收，于是市场规模取决于地方政府和农户的讨价还价能力，而不是城乡土地的边际收益，无法实现最优。

（三）国有土地出让市场中的市场拥塞

当前国有土地出让市场本质上是一个卖方垄断市场。地方政府需要争取 $R_{Gk}^* = P + \dfrac{\tau}{1+r} \sum_{i=1}^{K} \left(A_k I_{Fk}^{\alpha_k} I_{Gk}^{*\beta_k} E_k^{1-\alpha_k-\beta_k} - I_{Gk}^* \right)$ 的最大化，也就是一方面决定基础设施投资规模，实现土地收益税最大化，另一方面需要在国有土地出让市场上追求土地出让金的最大化。"招拍挂"机制的理论依据就是在地方政府按照最高价格出让土地的情况下，只有该土地产值最高的开发商能够出最高的价格 $P_{max} = \max(P_1, \cdots, P_K)$，那么地方政府既可获得尽可能高的土地转让金，也能实现土地资源的配置效率。然而，"招拍挂"市场存在严重的市场拥塞（congestion）。因为市场交易需要在短时间内完成，市场要约却需要给予特定的参与者，那么发出要约的一方就存在着非最优化决策的风险。由于国有土地市场的交易产品存在差异性而且不是面向全部参与者，市场拥塞风险尤为严重。

1. 地方政府的土地财政

首先，地方政府成为土地的垄断经营者，将大量财政投入到基础设施建设，形成对教育、医疗等公共服务型支出的挤占。其次，地方政府对土地增值收益的分配存在短期化的倾向。根据对土地财政规模的估算，若不考虑土地抵押融资，那么税收性质的财政收入只占到30%，其余主要就是土地出让金收入（李尚蒲等，2010）。这种土地财政形成对农村土地转为非农用地时的增值收益的"涨价归公"，而对城市土地开发增值收益却采取低税率的"涨价归私"，对地方政府长期财政收入有不利的影响，更加剧城乡收入不均衡。

2. 开发商行为的扭曲

首先在"招拍挂"中参与竞争的开发商越多，参与竞争的开发商的叫价与其保留价格的差额则趋于消失，开发商陷入了"囚徒困境"（苗天青，2004）。其次，巨额的土地出让金对开发商投资的挤占，使得开发商初始资金不足，限制了土地开发能力。"招拍挂"制度导致房地产上市公司资产负债率上升（芮明杰等，2008），当前房地产开发商取得土地后大幅闲置也与此不无关系。再次，R_{Fki} 不一定仅仅指代储蓄，也可以反映房地产开发商的融资能力。高地价将面临资本约束 $P_k > \bar{R}_{Fk}$ 的开发商排除在外。所以取得土地的商家不一定是最有开发潜力的，可能只是融资能力最强的开发商，即 $\bar{R}_{Fk}$ 最大，而不是开发能力 A_k 最大。另外，土地市场的分割存在巨额的城乡土地价差，于是开发商可能会投入一定的资本进行寻租，争取土地转让金的最小化，必然会出现土地流通中的腐败和投机行为。

3. 市场低效

一个拍卖机制是否有效的评价标准或者是资源配置的最优化，或者是收入的最大化（Maskin，2008）。在当前的土地出让市场上，地方政府片面对土地出让金的追求，不能合理地进行土地投资，参与土地增值收益分配，也就没有实现收入最优化的目标。同时，开发商和地方政府净收益之和代表了土地开发的社会剩余 $\sum_{i=1}^{K} (1+r)^{-1} A_k I_{Fk}^{\alpha_k} I_{Gk}^{\beta_k} E_k^{1-\alpha_k-\beta_k} - T$。当前高额的土地出让金形成了对开发商投资 I_{Fk} 的挤占，取得土地的只是融资能力最强而不是开发能力 A_k 最强的开发商，土地流通规模 E 受地方政府严格控制，导致土地开发最优配置难以实现。另外，如果假设 A_k 是非线性，同一块土地需要在不同开发商之间流转才能得到最优化利用。然而，当前土地制度对城市土地流转的限制提高了二级市场交易成本，进一步导致了土地开发的低效率。当前"招拍挂"市场事实上存在严重的价格扭曲，不仅高地价降低了开发商的土地经营能力，更导致了土地投机的兴起，不能将土地合理地调节和分配。

（四）效率损失和公平困境

若是一个市场能提供市场厚度、解决市场拥塞问题，并保证市场行为的安全性和简易性，那么市场结果即使不足够有效率，也能实现一个均衡（Roth，2008）。然而，城乡二元土地制度导致农地城市化出现市场分割、市场垄断和非经济行为。这种市场分割不仅导致了土地征用市场的市场厚度不足和国有土地出让市场的市场拥塞，以及各种策略性行为，势必出现市场低效和市场失灵，更有损经济公平。首先，匹配问题。在行政垄断的土地征用市场中，居民户无法真实表达征地意愿和差异性补偿需求，掩藏出让土地的真实意愿。土地出让市场如果存在市场拥塞，那么可能出现对开发商的逆向选择，不能将土地转让给最优秀的开发商，更不能满足开发商多样性的土地需求。其次，市场规模问题。土地城市化市场规模不能发挥市场价格杠杆的调节作用。在土地征收市场上，均衡土地供给取决于地方政府和居民户的讨价还价能力，而国有土地出让市场是垄断性的，追求垄断租金的冲动必然导致不能足额地满足开发商的土地需求。再次，定价机制导致的社会成本。土地征用市场高额的讨价还价成本本身就是社会的损失，缺乏客观土地增值收益分配标准也可能导致公平的争议，形成以"钉子户"为代表的社会和投机问题，使得地方政府面临巨大的投资风险和合法性困境。而土地出让市场也出现了大量的寻租现象。根本上讲，当前的土地城市化机制充满了行政强制等非市场的因素，而地方政府由于信息不对称和信息不完全等问题不能作出最优的计划，必然出现土地城市化的低效率。同时，地方政府将招商引资、失地居民的社会保障、教育资金等社会目标也纳入土地出让收入的支出项目是缺乏经济依据的，可能引致土地增值收益分配公平性的争议。

三、城乡要素市场一体化改革方案的解析

很多学者对于当前的农地城市化机制都有深入研究和反思，并提出了以完善市场体制为方向的改革建议（陶然、徐志刚，2005；张合林，2006；文贯中，2008，2014）。事实上，中国共产党第十七届三中全会发布的《中共中央关于推进农村改革发展若干重大问题决定》为农地城

市化机制改造已经指出了方向。首先，"改革征地制度，严格界定公益性和经营性建设用地，逐步缩小征地范围，完善征地补偿机制"，使得地方政府退出非公益性土地流转交易，打破土地市场的行政性垄断以及行政强制行为。其次，"在土地利用规划确定的城镇建设用地范围外，经批准占用农村集体土地建设非公益性项目，允许农民依法通过多种方式参与开发经营并保障农民合法权益"，使得土地流转交易由居民户与开发商直接谈判，同时保证农民"进退自由"。最后，"逐步建立城乡统一的建设用地市场，对依法取得的农村集体经营性建设用地……在符合规划的前提下与国有土地享有平等权益"，从而保护农民土地产权，实现城市和农村土地市场的一体化，使得农民可以凭借其土地资本参与城市化过程。据此，可以构建下面土地市场一体化的流通机制，检验其与当前市场分割情况下市场效率的差异。

（一）模型调整

开发商与居民户直接进行谈判，形成一个多个市场主体的交易行为。每个居民户和开发商都有参与交易与退出交易的自由，可以有足够的自由选择空间，并且都可以选择多种合作方式。

1. 居民户

居民有退出的自由。假设居民户不放弃土地产权，以土地入股，直接参与土地城市化后增值收益的分配，其比例就是土地的贡献率，$\theta = (1 - \alpha_k - \beta_k)(1 - \tau)g_k = (1 - \alpha_k - \beta_k)(1 - \tau)A_k I_{Fk}^{\alpha_k} I_{Gk}^{\beta_k} E_k^{1 - \alpha_k - \beta_k}$。居民户参与性约束条件成立。

如果接受征地：

$$\max \quad \ln C_{j1} + \beta \ln C_{j2}$$

$$\text{s.t.} \quad \begin{cases} C_{j1} + R_{hj1} = \bar{R}_{hj} + w_j \\ C_{j2} = (1 + r)R_{hj1} + \theta + w_j \end{cases} \quad (4-58)$$

否则：

$$\begin{cases} C_{j1} + R_{hj1} = \bar{R}_{hj} + L_j + w_j \\ C_{j2} = (1 + r)R_{hj1} + L_j + w_j \end{cases}$$

接受征地最大值为：

$$U_j^{***} = \ln\frac{\theta + (1+r)\bar{R}_{Gj} + (2+r)w_j}{(1+\beta)(1+r)} + \beta\ln\frac{\beta[\theta + (1+r)\bar{R}_{Gj} + (2+r)w_j]}{(1+\beta)} \qquad (4-59)$$

不接受征地，则依然是 U_j^{**}。

2. 开发商

开发商的收益是扣除税收和居民户收益后的剩余。开发商的决策问题是：

$$\max \quad \pi_k = \max \quad \frac{1-\tau}{1+r}\alpha_k A_k I_{Fk}^{\alpha_k} I_{Gk}^{\beta_k} E_k^{1-\alpha_k-\beta_k} + \bar{R}_{Fk} - I_{Fk} \qquad (4-60)$$

其中：$I_{Fk} \leqslant \bar{R}_{Fk}$。

求解后有：

$$\pi_k^{**} = \begin{cases} \dfrac{1-\tau}{1+r}\alpha_k A_k I_{Fk}^{**\alpha_k} I_{Gk}^{\beta_k} E_k^{1-\alpha_k-\beta_k} + \bar{R}_{Fk} - I_{Fk}^{**}, & I_{Fk}^{**} \leqslant \bar{R}_{Fk} \\[2mm] \dfrac{1-\tau}{1+r}\alpha_k A_k \bar{R}_{Fk}^{\alpha_k} I_{Gk}^{\beta_k} E_k^{1-\alpha_k-\beta_k}, & I_{Fk}^{**} > \bar{R}_{Fk} \end{cases} \qquad (4-61)$$

其中：$I_{Fk}^{**} = \left(\alpha_k^2 A_k I_{Gk}^{\beta_k} E_k^{1-\alpha_k-\beta_k}\dfrac{1-\tau}{1+r}\right)^{1-\alpha_k}$。

3. 地方政府

地方政府此时只通过税收参与土地收益分配，并且在第 1 期土地投资 I_{Gk}。其决策问题是[①]：

$$\max \quad \frac{\tau}{1+r}\sum_{i=1}^{K}\left(A_k I_{Fk}^{\alpha_k} I_{Gk}^{\beta_k} E_k^{1-\alpha_k-\beta_k} - I_{Gk}\right) \qquad (4-62)$$

其中：$\sum_{i=1}^{K} I_{Gk} \leqslant \bar{R}_G$。

此时地方政府最优投资可以求解为：

$$R_{Gk}^{**} = \frac{\tau}{1+r}\sum_{i=1}^{K}\left(A_k I_{Fk}^{\alpha_k} I_{Gk}^{**\beta_k} E_k^{1-\alpha_k-\beta_k} - I_{Gk}^{**}\right) \qquad (4-63)$$

其中：$I_{Gk}^{**} = \left[\beta_k\dfrac{\tau}{1+r}A_k I_{Fk}^{\alpha_k} E_k^{1-\alpha_k-\beta_k}\right]^{\frac{1}{1-\beta_k}}$，$\sum_{i=1}^{K} I_{Gk}^{**} \leqslant \bar{R}_G$。

同时，可知 R_G^{**} 是 I_{Fk} 的增函数。

（二）模型求解和绩效对比

1. 农地城市化市场

如果居民户按照土地要素贡献率参与土地收益的分配，那么此时开发商和居民户的决策问题就是：

---

① 本书回避了选择开发商的问题。

居民户的参与性约束条件是 $U_j^{***} \geq U_j^{**}$，即 $\theta > (2+r)L_j$。

开发商的参与性约束条件是 $\pi_k^{**} - \bar{R}_{Fk} \geq 0$，否则退出土地开发。

博弈结果如图 4-6 所示。

开发商

居民户		合作	退出
	合作	$\theta,\ \dfrac{\alpha_k}{1-\alpha_k}\theta$	0, 0
	退出	0, 0	0, 0

图 4-6　土地市场机制下的博弈收益矩阵

首先，地方政府退出后后，K 个开发商与 M 个居民户的讨价还价，而且这种讨价还价是多次重复、可以退出、具有足够选择空间的博弈，避免了垄断。居民户拥有了退出的自由，可以自由表示其差异性的偏好，决定是否愿意出让土地，而不必担心"被城市化"以及在讨价还价中受到地方政府打压，更不必采取对抗的手段。同时，打破地方政府垄断后的土地市场具有足够的市场厚度，并不需要开发商在短期内作出决策，使得开发商与居民户足够自由地选择是否开发土地以及合适的合作方。要素贡献率使得土地增值收益分配拥有了客观标准，而多次讨价还价也利于市场价格的形成，降低了讨价还价的社会成本。

其次，土地市场规模不再受到地方政府土地征收能力的约束，而取决于开发商的土地开发能力，并在城乡土地边际收益相等时取得均衡。打破市场分割也有利于市场主体权衡取得土地成本和可能取得的收入，决定开发土地的规模，消除了地方政府过度征收土地和土地投机的现象；取消了高额的土地出让金，保证了开发商的土地投资能力和积极性，有利于市场的扩大和社会产出的增加。

此时土地市场给予了开发商和居民户足够的讨价还价自由和选择空间，可以表达真实的意愿，减轻了策略性行为。多个市场主体的讨价还价消除了"招拍挂"市场上的市场拥挤和垄断，实现价格杠杆的调节作用，降低市场交易成本，提高了市场配置的效率。同时，居民户有异地置产和继续做农民的自由，有利于降低城市化的成本。当然市场化机制下开发商与居民户的合作方式是多样的。即使假设居民户需要将土地产权整体转移给开发商，开发商与居民户的讨价还价也能更好地实现土地与资本的匹配，居民户的利益也能得到维护，因为农民可以合法进入非农建设用地市场。

2.政府行为和财政分析

对于地方政府放弃土地出让金收入的一个担心就是降低地方政府的财政收入，影响地方政府土地开发的积极性和土地开发的能力。事实上，这两种担心是不必要的。在新的机制下，地方政府追求财政收入最大化也就是追求合理的土地投资，实现税收的最大化。从 R_G^{**} 可知，土地投资越多，地方政府收益越大。地方政府放弃土地出让金收入至少不会降低其土地开发的积极性，也不存在维稳成本和讨价还价支出以及政权合法性的威胁。同时，地方政府土地投资规模与地方政府土地投资的效率 α、土地税率 τ、开发商开发效率 A_k 和开发商土地投资 I_{Fk} 正相关。

保持地方政府土地投资能力包括了两方面的内容。第一方面是保证地方政府具有足够的财政能力进行土地投资和提供公共服务（杜雪君等，2009）。当前地方政府将土地出让金收入（$P-T-Y$）大量纳入预算资金。简单放弃土地出让金不仅会降低政府改革的动力，还会降低政府调控能力，产生其他不良影响。这就需要大幅提高地方政府对城市土地增值收益的分享，甚至高于现在的土地出让金收入，实现 $R_G^{**}-R_G^* \geq 0$。因为 R_G^{**} 和 R_G^* 都是 I_{Fk} 的增函数，且 $I_{Fk}^{**}-I_{Fk}^* \geq 0$，所以在理论上是可以实现的。为此可以做以下几个方面的配套财政改革：首先，赋予地方政府对土地开征财产税的权利，并且让这种税成为能够持久为地方政府提供财政收入的税种，即地价税、物业税或房产税。其次，提高土地增值收益和对收益征税的税率 τ，使得地方政府可以更大比例分享农地转化为城市用地后的收益，不仅增加财政收入，更提高地方政府的土地经营积极性。最后，深化分税制改革，增大中央政府对地方政府的税收返还（周飞舟，2006）。由此，政府可以不再依赖于当前对土地征收市场上的分配，放弃当前一次性"卖地财政"，从而在更高效率的土地市场中取得若干期可持续的财政收入，顺利地从土地流转交易过程中退出，实现改革的激励相容。

第二个方面是保证政府投资的初始资本 I_G。政府土地投资并不能当期取得收益，所以政府也许不具有初始资本 I_G。当前土地出让金的存在导致某种程度上这个问题被掩盖了。这对于资本稀缺、财政收入匮乏的政府是很重要的。鉴于中国政府的财政收入规模已经很大，具备了初始投资的能力，所以这种担心并不成立，更不能成为改革的障碍。

四、实现农地城市化的市场配置，走市场导向型新型城镇化道路

改革是中国最大的红利。构建和谐社会的过程应是一个以市场化为改革取向的制度变迁或体制创新的过程。只要市场能做的，就要让市场去做。当经济运作不好的时候，政府只需要提供一个环境，调整市场微观机制，让市场主体能够按照市场规则运行，而不需要直接介入市场，否则往往构成市场经济体制进一步完善的主要障碍。当前城市土地流转机制的关键点就在于市场分割和垄断，以及地方政府凭借非经济力量参与土地增值收益分配，导致了土地征用市场的市场厚度不足和国有土地出让市场的市场拥塞，以及各种策略性行为，势必出现市场低效和市场失灵，更有损经济公平。同时，地方政府不能综合平衡当期和长期的土地财政收入，并且受到财政分权的压力（周飞舟，2006），只关注短期"卖地"财政。于是，一方面高额的土地出让金挤占了开发商的土地开发投资，土地要素并没有得到最优配置，反而进一步降低了土地开发的效率；另一方面居民户不能在"被城市化"和"被开发"过程中分享到合理的土地增值收益，形成了"钉子户"、"失地农民"、"农民工"等社会问题。鉴于中国长期城乡二元结构，缺乏人力资本、资产、技术的农村居民进入城市只能从社会底层打拼，成为城市贫民。大规模城市贫民的出现极可能演化为城市贫民化陷阱。如果农民能够在土地市场中取得一部分资本，用于支付城市化成本，那么将大幅减少农民在城市化中的

痛苦，也为地方政府解决城市贫民问题减轻负担。

　　市场机制是保证城乡要素平等交换的根本出路。应该秉承《中共中央关于推进农村改革发展若干重大问题决定》和《中共中央关于全面深化改革若干重大问题的决定》的精神，坚持市场化改革的方向，改造农地城市化市场机制，释放改革红利。首先，地方政府放弃对土地流转市场的垄断和分割，只参与土地开发利用过程，恢复农地进入城市的自由。其次，居民户与开发商直接自由协商土地流转问题，保证农民从城市化和城市中的退出权，保证城乡土地的平等流通，实现农地城市化的市场化运作和城乡土地流转的一体化（熊金武、黄义衡、谢震，2013）。最后，配套进行财政制度改革，调整地方政府分享土地增值收益的结构，实现地方政府土地财政收入的可持续性和稳定性，保证地方政府的土地投资能力和激励。

　　当然，土地征收制度和土地财政从根本上是与城乡二元土地制度密切相关的。居民户权益的维护和新的土地流转机制的构建从根本上依赖于土地制度改革，强化居民土地产权，允许土地产权制度的多元化，为市场机制配置城乡土地流转准备条件。构建农地城市化的市场化体制是市场导向型城市化的重要内容，有利于缓解农民城市化中的城市贫民化问题，属于新型城镇化的内在要求。

第五章 中国土地市场化改革的历史经验

中国土地市场化改革具有丰富的历史经验。本章首先回顾了近 60 年来土地制度改革的历史，进而以"涨价归公"为例说明土地制度改革离不开思想解放，再总结了近代中国城市化下土地市场化改革的本土模式，最后归纳土地制度改革的历史经验。

第一节 中国土地制度变革历程回溯

农地既是农村的主要资本形式，也是最重要的生产要素，更是农民生计所在。自中国在先秦时期全面迈入农耕文明之后，农地制度就成为最基本的经济制度之一。随着城市化和工业化的开始，农地制度改革成为中国经济改革的重要部分。在 2012 年 11 月 8 日召开的中国共产党第十八次全国代表大会上，胡锦涛指出：解决好农业、农村、农民问题是全党工作的重中之重，城乡发展一体化是解决"三农"问题的根本途径，不仅强调"依法维护农民土地承包经营权、宅基地使用权、集体收益分配权"，更明确要求"改革征地制度，提高农民在土地增值收益中的分配比例","促进城乡要素平等交换和公共资源均衡配置"。①

面对当前农村土地制度变革的形势,有必要从历史的角度,对 1949 年以来中国农地制度改革历程加以梳理。因为从政策的延续性上看,1949 年以来中国土地制度改革都是在以中国共产党为执政党的政府主持下完成的,具有更强的借鉴性。以下内容将首先回顾 1949 年来中国土地制度变革的几个历史阶段,再讨论 1949 年以来几次农村土地制度转折对农业经济绩效的影响,进而分析 1978 年以来的中国农地制度的优缺点及制度绩效,最后结合中国特色社会主义市场经济建设目标,提出中国农地制度改革的几点建议。

一、中国土地改革分析框架

(一) 一个思想史的简单回溯

在回溯中国土地制度改革历程前,有必要首先简单谈谈 1911 年至 1949 年中国人对土地制度选择的思考。用工业文明的理念改造中国传统土地制度的第一人应该是孙中山。他提出"平均地权"和"耕者有其田",并将地价税作为实现"平均地权"的手段。这个新理念不仅是在税收征收方式上转向计价税,而且也是中国土地制度改革的一个关键转向。首先,土地问题认识的转向。中国土地问题的焦点从国家与人民的矛盾转移到地主与农民的矛盾。其次,土地问题解决方式的转向。宋代之后,中国土地制度是一种近乎市场配置的私有土地制度,古人除了设想一下井田制外,一般反对政府干预土地制度。但是,孙中山将土地制度改革的使命再次揽到了政府手里。②

孙中山的新理念被中国国民党和中国共产党都加以继承,不过二者在政府干预地主与农民的土地关系的方式上有所不同。中国国民党试图采取地价税、二五减租、赎买等手段,构建一种土地私有且地权平均的土地制度。中国共产党则运用阶级斗争的手段,否定地主土地私有产权,按照人口重新分配土地,构建一种"耕者有其田"的土地制度。在此,仅仅以中国 60 多年土地制度变革为中心考察中国土地制度改革问题。

---

① 胡锦涛.坚定不移沿着中国特色社会主义道路前进 为全面建成小康社会而奋斗.
② 当然,在农业文明时期,李自成、洪秀全等都提出了土地改革方案。

（二）解析框架构建

中国土地制度变革的内在逻辑体系是什么？学者们从不同视角对中国土地制度改革的一个时间段或整个过程加以梳理，主要有以下研究成果。一种视角是将土地作为一种基本要素，再从产权理论等制度经济学角度解析（周其仁，1995）。一种视角是构建一个土地制度演化机制，梳理土地制度的变迁，比如张悦（2010）、胡元坤（2003）。还有一种视角是从农地制度内部去寻找关键性因素，并以此为线索梳理。比如周祖文（2012）以农业剩余为要点解析了中国土地制度的变迁。事实上，从这个视角研究最广泛的要点就是林毅夫（1990）提出的退出权视角，即从权利角度去讨论。如果将这个概念扩大，退出权的主体也不仅是劳动要素，也可以包括土地要素，进而形成土地权能视角。在此以土地权能作为线索，构建起一个包括产权制度、土地经营权、土地流转、土地财税、人口流动和农产品价格等六个方面权利的解析框架。

二、土地制度改革历程回溯（1949—2014 年）

新中国建立后，中国土地制度经历了多次的变革。有必要回溯这段历史，厘清土地制度改革的价值。

（一）土地制度变革的起点（1949 年）

中国土地制度改革的第一个变革就是 1949 年前后的土改。1947 年的《中国土地法大纲》和 1949 年的《中华人民共和国土地改革法》是主要准则。第一，肯定私有产权，但平均分配土地，废除"一切地主的土地所有权"，"按乡村全部人口，不分男女老幼，统一平均分配"，"发给土地所有证"。第二，农地经营自由，"承认一切土地所有者自由经营、买卖及出租其土地的权利"。第三，农地流转自由，政府从"没收地主土地，征收旧式富农出租的土地"中取得政府建设用地。①另外，农产品市场存在，农民进入城市自由。这就形成了事实上的政府与农民的联合，采取了一定的暴力手段，消灭了地主阶级。不过，政府的权力在这个过程中得到了极度的强化，农民的产权意识也非常不清晰，缺乏

---

① 于建嵘.中国农民问题研究资料汇编：第 2 卷上册[M].北京：中国农业出版社，2007：1045.

维护自己土地产权的能力。这也构成了中国土地制度的起点模式。

（二）土地制度变革的第一个时期（1950—1957 年）

土改之后，政府有意识地干预农业经营，分别通过互助组、初级社、高级社等形式，强化了对农民和农地的控制。第一，在土地产权上，在高级社内，农民的土地私有产权被废除，土地由农民所有转变为农业合作社集体所有。第二，在土地经营上，农民失去独自经营的自由，不再存在土地出租、买卖的产权基础。第三，构建了土地征收的制度。比如 1950 年《政务院发布城市郊区土地改革条例》明确规定"征用私人所有的农业土地时，须给适当代价，或以相等之国有土地调换之"。第四，农民失去进入城市谋生的自由。1953 年《关于劝止农民盲目流入城市的指示》规定"不得开给介绍信"、"动员还乡"、"不得擅自到乡村招收工人"等，阻止农民进入城市。第五，依据 1953 年《关于实行粮食的计划收购与计划供应的决议》，实行统购统销，逐渐取代土地市场。

（三）土地制度变革的第二个时期（1958—1978 年）

人民公社化运动是关乎中国农业、农村和农民的根本性制度变迁，从 1958 年 8 月《中共中央关于在农村建立人民公社问题的决议》标志"一大二公"的人民公社化运动开始，到 1958 年年底基本完成。经过了1958 年至 1962 年经济困难时期，人民公社化制度得到了调整完善，取消了"大锅饭"的农村食堂。1962 年《农村人民公社工作条例修正草案》构建起了"三级所有，队为基础"的基本稳定的人民公社制度。生产队成为农村组织的基本单位，"至少三十年不变"，"独立核算，自负盈亏，直接组织生产，组织收益的分配"。

第一，在农地产权制度上，人民公社是集体所有制经济，"生产队范围内的土地，都归生产队所有"。同时，"要保障社员个人所有的一切生活资料，包括房屋、家具、衣被、自行车、缝纫机等，和在银行、信用社的存款，永远归社员所有，任何人不得侵犯"。

第二，在农地经营权上，"生产队所有的土地，包括社员的自留地、自留山、宅基地等等，一律不准出租和买卖"。同时，"生产队范围内的劳动力，都由生产队支配"，农民没有自由劳动的权利。

第三，在农业税收上，1958 年《中华人民共和国农业税条例》提出以社为单位缴纳农业税，"生产队有完成国家征购粮食、棉花、油料和派购农副产品的义务"。

第四，在土地流转上，农村内部的土地流转几乎停止，而 1958 年《国家建设征用土地办法》控制了土地的非农化。不过，农民有相当大的住房经营自由权，即"社员有买卖或者租赁房屋的权利。社员出租或者出卖房屋，可以经过中间人评议公平合理的租金或者房价，由买卖或者租赁的双方订立契约"。

另外，除了少部分黑市之外，被作为资本主义尾巴的农产品市场几乎消失，被一整套的票证分配体系所取代。农民已经不再是自耕农，既不能进入城市工作，也不能按照自己的意愿从事农业生产，而是服从生产队的组织安排。

可以看出，在人民公社中，农民被以生产队为单位组织起来，完全丧失了除住房用地之外的土地所有权、使用权和经营权。在实行这种土地制度期间，土地所有权和使用权高度集中，土地不能出租、买卖，不利于土地资源的合理流动和优化配置。

（四）土地制度变革的第三个时期（1979—2014 年）

家庭联产承包责任制是改革开放之后农村土地制度的重要转折。1978 年 11 月 24 日安徽省凤阳小岗村恢复包产到户。此举后为中央政府肯定，进而发展成为家庭联产承包责任制。家庭联产承包责任制是指农户以家庭为单位向集体组织承包土地等生产资料和生产任务的农业生产责任制形式。

第一，在土地产权上，农地实行以村为单位的集体土地所有制，农民拥有了对其承包土地的经营权，构建了集体土地、家庭承包经营制框架。

第二，在农业经营上，农民家庭作为单位，拥有了比较广泛和稳定的土地经营权。《中华人民共和国土地管理法》规定"土地承包经营期限为三十年"，"农民集体所有的土地由本集体经济组织以外的单位或者个人承包经营的，必须经村民会议三分之二以上成员或者三分之二以上村民代表的同意"。

第三，在土地流转上，第一个方向是农村内部的土地流转。《中华人民共和国农村土地承包法》指出土地流转应该"平等协商、自愿、有偿，任何组织和个人不得强迫或者阻碍承包方进行土地承包经营权流转"，同时"不得改变土地所有权的性质和土地的农业用途"。但是在土地流转形式上，虽然2014年开始了土地抵押的探索，不过土地金融依然没有发挥作用。第二个方向是农地城市化的流转。1982年《国家建设征用土地条例》规定"被征地社队的干部和群众应当服从国家需要，不得阻挠和妨碍"，后被调整。2000年《中华人民共和国宪法》提出"征用"和"征收"两种方式。2004年《关于深化改革严格土地管理的决定》强调土地征收中"保证需要安置的农民的原有生活水平不降低，长远生计有保障"。2014年11月《关于引导农村土地经营权有序流转发展农业适度规模经营的意见》对土地流转作了更多细致的规定，不仅在流转形式上"鼓励承包农户依法采取转包、出租、互换、转让及入股等方式流转承包地"，而且明确指出"土地承包经营权属于农民家庭，土地是否流转、价格如何确定、形式如何选择，应由承包农户自主决定，流转收益应归承包农户所有"。①

第四，在土地财税制度上，1983年国务院《关于对农林特产收入征收农业税的若干规定》和1994年《关于对农业特产收入征收农业税的规定》对农业特产收入加以征税。2006年全面取消农业税。

第五，在农产品销售上，20世纪80年代不断弱化统购统销，并构建和完善了农产品市场。

第六，在劳动力流动上，"农民工"逐渐合法化，自由进入沿海地区、城市，从事非农工作。2014年中国农民工规模达到了2.7亿人。

三、农地制度与农业经济绩效关联性

回顾1949年以来中国土地制度变革，大体包括了三个历史转折，即1949年土地改革、1958年人民公社化运动、1978年后的家庭联产承包责任制。在此规避了有关技术性探讨，利用丰富的已有研究成果，仅

① 关于引导农村土地经营权有序流转发展农业适度规模经营的意见．

以农业全要素生产率为线索，从市场化程度视角简单讨论中国农地制度对农业经济绩效的影响。由于 1949 年前中国农业全要素生产率研究缺乏，所以仅讨论后两次土地制度大转折。

（一）中国农业经济效率第一次波动（1958—1962 年）

1958 年人民公社化运动开展之后，马上出现了 1958—1962 年的大饥荒和经济困难。林毅夫的解释是人民公社制度下退社权的缺失（Lin，1990）。这个结论在农业全要素生产率上也得到了体现。文贯中在其博士论文中比较早地指出了从合作化、人民公社到家庭联产承包责任制下的土地制度对农民不同的激励，计算了 1953—1989 年中国农业全要素生产率，实证了制度变迁导致了农业生产率波动（Wen，1989）。如图 5-1 所示，在 1953 年农业合作化运动之初，农业全要素生产率有一个短期的上升，但是人民公社化运动后农业生产效率短期内快速下降（Wen，1993）。黄少安等（2005）对 1949—1978 年中国农业生产效率进行实证分析发现，在不同的土地产权制度下，所激励的生产要素投入量不同，从而农业总产出有较大不同；在投入相同的生产要素和政策要素下，农业的产出也有不同。新民主主义革命时期"所有权农民私有、合作或适度统一经营"是相对较好的制度。不过随着高级社的快速推行和人民公社化运动的开展，农业全要素生产率出现了快速下降。由于在1958—1962 年，中国农业生产要素禀赋并没有根本性的变化，也没有短时间内的快速技术退步，所以此时农业全要素生产率下降的原因只能从技术之外的因素中寻找。

从农业资源配置和产品流通角度看，土地制度变革是主要的影响因素之一。首先，人民公社化运动将土地、人口、资本等生产要素都控制在了政府或公社，缺乏要素流动性，不利于要素最优匹配。其次，农产品流通也失去了市场的依托，统购统销取代了农贸市场，高额"剪刀差"打压了农业生产积极性。同时，还应该注意到，随着 1962 年后人民公社化制度不断完善，尤其是放弃了"一大二公"原则，恢复自留地制度后，农业全要素生产率出现了短时期的回升。然而，此时农业全要素生产率依然远远低于 1958 年之前，农地制度持续地损害了农业绩效。

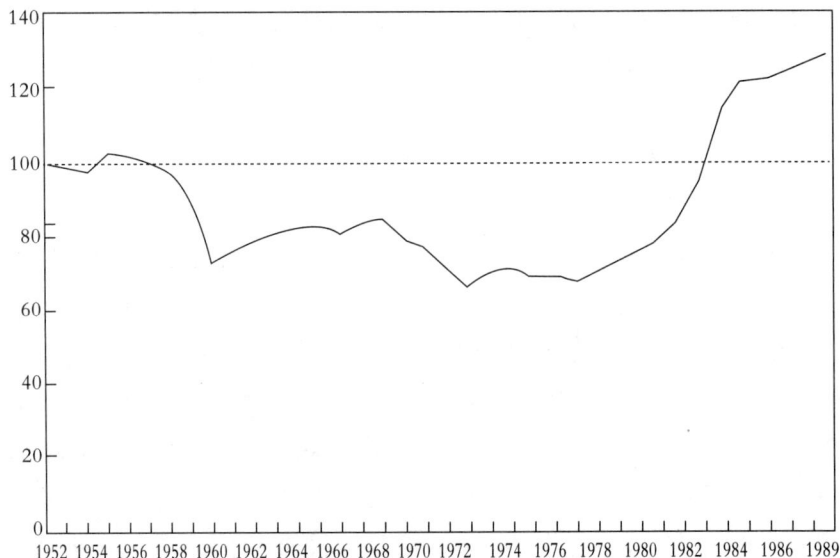

图 5-1　中国农业全要素生产率波动（1952—1989 年）

资料来源　WEN G J. Total factor productivity change in China's farming sector：1952-1989 [J]. Economic Development and Cultural Change，1993，42（1）：1-41.

（二）中国农业经济效率第二次波动（1980—1984 年）

1980 年中国政府正式肯定"包产到户"后，家庭联产承包责任制代表了中国农地制度变革，极大地提高了中国农业生产率。农业全要素生产率得到了快速的恢复，2014 年全国粮食总产量为 60 709.9 万吨，从 1979 年到 2014 年中国粮食产量平均增长率达到 2.4%。如图 5-2 所示，中国农业全要素生产率在 1978—1984 年有较大幅度的提高。这说明了此次土地制度改革的张力。在 1980 年至 1984 年间，中国农业投入并没有大幅度增长，而农业产出却有了大幅度的上升。

对于成功的原因，有很多种解释，比如林毅夫（1992）肯定了家庭联产承包责任制下退社权的恢复使得农业生产率得到提高；周其仁（1995）提出 20 世纪 80 年代的改革从根本上是个人所有权的成长，国家集中控制农村力量有所弱化。按照前文的解析，此次变革成功不仅恢复了退社权，以及确立了个人的财产权，而且构建了以家庭为单位的生产组织形式，逐步实现了劳动力要素和农产品的自由流动，恢复了土地的资本功能，实现了农业经济的市场配置。

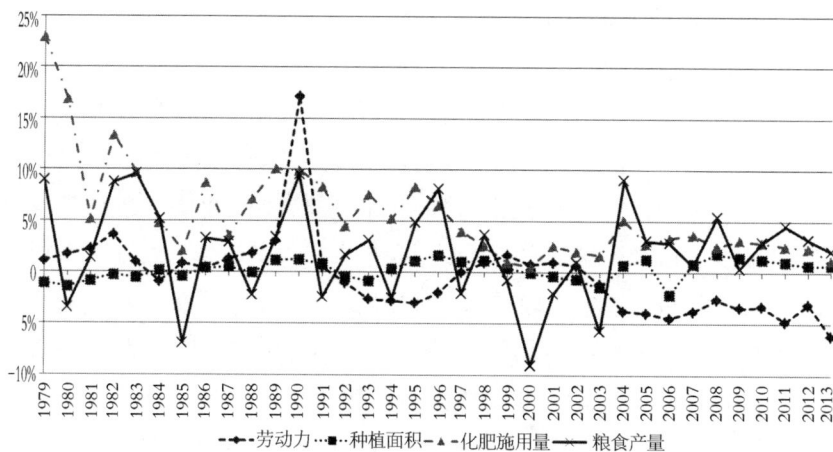

图 5-2　中国农业生产率要素投入与产出环比增长率（1979—2013 年）

　　从上述两次土地制度对农业全要素生产率的影响可以看出，农业经济制度对农业经济发展的重要性。只有奠定基本的产权基础，并保证要素的流动性，才可以形成市场配置机制。如果一种制度不符合经济发展规律，那么就可能对农业经济发展产生反作用。在农地制度的多种因素中，农地产权制度是农村制度安排的核心基础。图 5-3 说明了农地产权制度对农业经济增长的贡献率。

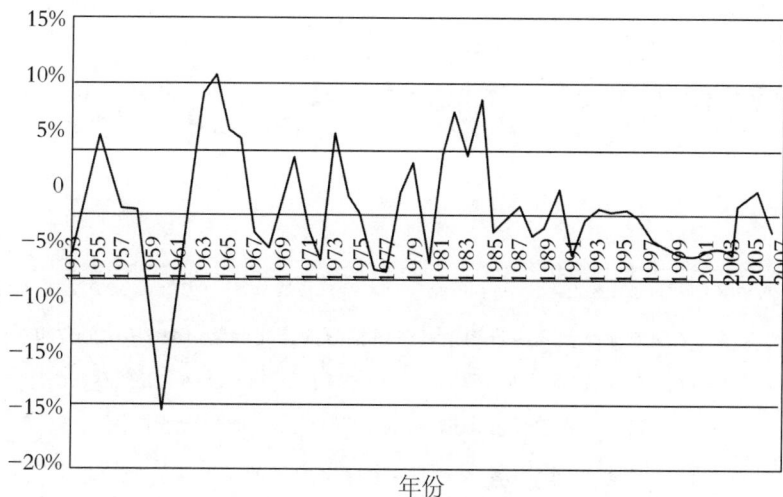

图 5-3　1953—2007 年中国农业经济增长中的农地产权制度贡献

　　资料来源　盛济川，施国庆，梁爽.农地产权制度对农业经济增长的贡献[J].经济学动态，2010（8）：86-90.

（三）现行土地制度绩效评估

中国农业经济受经济制度转折的冲击明显。但是，农业经济制度对农业经济的激励作用都是有边界的。当特定农业制度不适应农业经济发展的时候，就需要沿着正确的方向加以变革，否则就会成为农业经济发展的阻力。中国现行的土地制度已经越来越缺乏制度张力，受到了越来越多的质疑。以下分别从农业全要素生产率、农地流转和农地资本功能三个方面，解析当前家庭联产承包责任制。

首先，从农业生产率角度看，家庭联产承包责任制对农村经济增长的贡献不断减弱，集中体现是农业全要素生产率结构。已有研究表明20 世纪 80 年代中期以来中国农业全要素生产率上升是来自于农业技术进步，而技术效率却下降了（全炯振，2009；王炯、邓宗兵，2012）。图 5-4 和表 5-1 表明，中国农业全要素生产率的增长属于技术诱导型的增长模式。

农业 TFP 指数 (1979/1978=1.00)

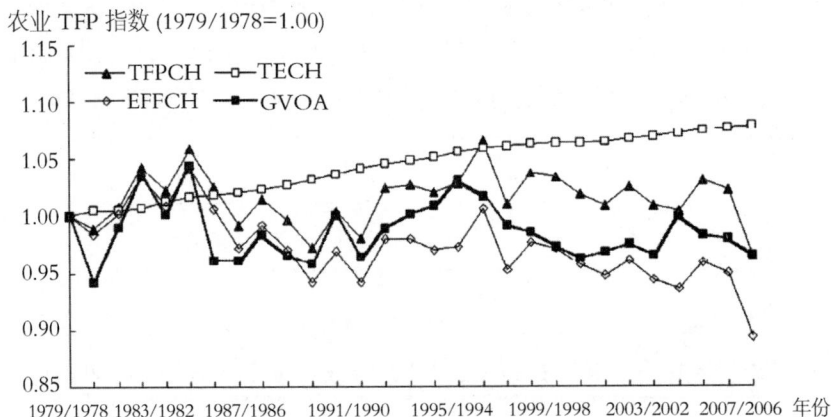

图 5-4　中国农业全要素生产率及其分解指数的变化趋势（1978—2007 年）

注：TFPCH 表示农业全要素生产率变化指数；TECH 表示农业技术变化指数；EFFCH 表示农业技术效率变化指数；GVOA 表示农业总产值指数。

资料来源　全炯振. 中国农业全要素生产率增长的实证分析：1978—2007 年[J]. 中国农村经济，2009（9）：36-47.

其次，土地流转不足，尤其是土地金融功能没有彰显。土地依然是农户家庭的生产要素，不能在更大范围内自由流转。土地流转的形式也主要是以租借为主。虽然 2014 年开始探索全国统一安排，稳步推进土

表 5-1　　不同时期的农业全要素生产率变化指数及分解指数

年度	农业全要素生产率变化指数	农业技术变化指数	农业技术效率变化指数
1978—1984	1.012	1.030	0.983
1985—1991	0.990	1.050	0.943
1992—1996	1.025	1.075	0.954
1997—2007	1.007	1.091	0.923
1978—2007	1.007	1.065	0.945

资料来源　全炯振. 中国农业全要素生产率增长的实证分析：1978—2007 年 [J]. 中国农村经济，2009（9）：36-47.

地经营权抵押、担保试点，研究制定统一规范的实施办法，探索建立抵押资产处置机制，[①]不过土地抵押探索还没有成效。事实上，现代市场经济中土地不再是生产要素，也担当相当重要的资本职能。由于土地金融不发达，土地被闲置起来。于是当前农村土地价格过于便宜，是对农户家庭资产的大幅低估。鉴于城乡差距如此巨大，而资产性收入是城乡差距的最重要的构成，所以农地资产职能就需要进一步发挥出来。

最后，集体土地所有制下的权力寻租、土地征收补偿争议、土地承包期限短、农户土地经营规模小等，都限制了农地服从市场机制配置。中国土地制度需要进一步深化改革。

（四）土地制度改革的方向应该是市场化

中国共产党十八届三中全会以后，土地制度改革是中国经济改革再出发的重要组成部分。深化土地制度改革是与社会主义市场经济体制相一致的。中共十八大报告提出了"让广大农民平等参与现代化进程、共同分享现代化成果"，农户参与现代化必然要求农村土地相应地再配置。市场是具有足够包容性的资源配置方式。前三次土地制度改革的经

---

① 关于引导农村土地经营权有序流转发展农业适度规模经营的意见.

验也表明，市场配置是当前最高效的机制。当然，有学者提出：农户是否具有足够的经营能力？会不会将土地轻易地卖掉，使得社会陷入"贫者无立锥之地"的困境？这指出了一个问题，即实现土地要素市场配置的关键就是具有独立行为能力的市场主体和产权明晰的交易对象。经过30多年社会主义市场经济改革的历程，中国农民早已习惯市场行为，了解市场的基本逻辑。同时，没有比农户更了解自己的需求、更关心自己的利益的了，必须相信农户有处理好土地经营的能力。中国数千年自耕农的经营经验已经在家庭联产承包责任制下得到体现。鉴于农民已经具备了独立的市场行为能力，那么农地制度第四次改革的方向就是构建符合土地市场化需要、以家庭土地经营权为基础的多元化土地产权制度，以及相应的流转配置机制。

四、全面深化改革可以土地制度改革先行

土地制度是社会的基本经济制度。近百年中国社会经济变革的重要内容就是土地制度。从新民主主义革命和改革开放的成功经验看出，土地制度改革不仅是社会经济变革的重中之重，而且是一把打开社会变革的关键钥匙。土地制度改革也往往走在其他社会经济变革的前面。没有"耕者有其田"的土地革命，就不可能有新民主主义经济建设以及三大改造；人民公社化运动虽然有各种问题，不过从客观历史变迁的历程上讲却是中国计划经济体制建立的基石；小岗村开启的家庭联产承包责任制则无疑是中国改革开放成功的基本制度保障。

为什么土地制度改革应该在社会经济制度整体变革中发挥如此基础的作用呢？这是因为中国近代以来社会经济变革的核心就是从农业社会走向现代社会，也就包括了农民非农化、农地城市化等城乡要素的配置。只有首先处理好人口占绝大多数的农民的生计，才可能有社会的稳定；只有稳定和发展了农村，才可能积累足够的资本发展非农产业；只有农业技术提高，才有足够的农村剩余劳动力转移到非农产业中。那么，作为农业社会的基本生产要素，土地的制度安排就必然是农业社会向现代社会转型的关键基石。只有首先处理好了土地制度，才可能有现代化转型中的稳定，才可能取得可持续发展。

所以，全面深化改革不仅需要将土地制度改革作为重中之重，而且还需要坚持土地制度改革的先行。2015 年第十二届全国人民代表大会常务委员会第十三次会议决定授权国务院在北京市大兴区等 33 个试点县（市、区）行政区域，暂时调整实施《中华人民共和国土地管理法》、《中华人民共和国城市房地产管理法》关于农村土地征收、集体经营性建设用地入市、宅基地管理制度的有关规定。显然，只有首先确定土地这个基本生产要素的制度安排，让土地按照市场规律配置，才有可能构建"市场在资源配置中发挥决定作用"的社会主义市场经济。

第二节　土地改革的思想史反思：涨价归公、土地征收、房产税[①]

土地制度改革首先需要解放思想。由于土地制度的根本性和重要性，土地制度改革将是社会关注的焦点。中国历史上土地经济思想丰富，甚至出现众说纷纭的现象。当前土地制度改革的争论也很多。那么，究竟怎么选择中国土地制度改革的方向，甚至是否需要土地制度改革，都成为争论话题。所以，土地制度改革离不开对众多土地改革思想的反思，尤其是需要冲破意识形态的迷雾，寻求中国土地制度改革的出路。历史是最好的武器。回顾历史上的土地经济思想，有利于纠正一些对土地制度的错误理解。在此以孙中山"涨价归公"的思想为例，说明这种对土地制度思想进行反思的重要性。

"涨价归公"是孙中山的民生主义的重要内容，是其解决中国近代土地问题的基本主张和思路之一。这一思想对中国的土地制度安排和城市化发展产生了深远的影响。这不仅是由于"涨价归公"打破了传统中国一贯采取的按照土地面积和单位产量的简单计税方式，更由于这一思想实际上因应了中国近代社会最基本的经济特征，即城市化的发展要求。从清末开始，每一次城市化浪潮都推高城市的土地价格，城市土地增值收益以及农地转化为城市用地升值的分配问题就凸显出来，"涨价

---

① 本小节核心内容是本书作者与上海财经大学经济学院王昉老师的合作研究成果（熊金武、王昉，2011）。

归公"作为解决土地地租分配的方案之一也就被一次次提出。今日中国的土地增值收益分配的制度安排，尤其是房产税和土地征用补偿制度，也与"涨价归公"有联系。然而有些制度在执行过程中却充满了乱象，引发了一定的社会问题，这就不免让一些学者对"涨价归公"产生了怀疑和批判。在此回顾"涨价归公"思想及与此相应的地价税制度的演变过程，更深入地认识"涨价归公"的内涵，厘清"涨价归公"的本义，进而反思和审视今日中国的房产税和土地征用补偿制度，并对当前对"涨价归公"的一些误解作出回应。

一、"涨价归公"思想及制度化演变

（一）"涨价归公"思想的形成及体系

孙中山在追求近代中国问题解决的过程中，提出了"平均地权"的主张，认为"欲求生产分配之平均，亦必先将土地收回公有"，"原夫土地公有，实为精确不磨之论。人类发生以前，土地已自然存在，人类消灭以后，土地必长此存留。可见土地实为社会所有"[1]。对如何实现"平均地权"，孙中山提出将"涨价归公"作为实现"平均地权"的渐进路径。他认为"土地价值之增加，咸知受社会进化之影响，试问社会之进化，果彼地主之力乎？若非地主之力，则随社会及增加之地价，又岂应为地主所享有乎？可知将来增加之地价，应归社会公有"[2]，"当改良社会经济组织，核定天下地价。其现有之地价仍归原主所有，其革命后社会改良进步之增价，则归于国家，为国民所共享"[3]，国家可以通过涨价部分归公将绝大部分地租收归国有，只保留少部分地租在地主手上，达到事实上的公有。值得注意的是，"涨价归公"事实上是孙中山放弃了共产主义式赎买和强制分配方式，尊重家庭私人土地产权的选择。孙中山一再强调"涨价归公"与共产主义的区别："我们所主张的共产，是共将来，不是共现在。这种将来的共产，是很公道的办法，以前有了产业的人决不至吃亏；和欧美所谓收归国有，把人民已有了的产

---

① 中国社科院近代史所，等.孙中山全集：第2卷[M].北京：中华书局，1982：514.
② 孙中山.孙中山全集：第2卷[M].北京：中华书局，1982：522.
③ 孙中山.孙中山全集：第2卷[M].北京：中华书局，1982：297.

业都抢去政府里头，是大不相同。"①

后来，孙中山受到德国土地改革家达马熙克（Adolf Damaaehke）和单·威廉（W. Sehsarileis）的影响，了解到土地增值税制度。土地增值税和地价税制度是孙中山在思考国家制度构建的过程中在西方经济思想的基础上提出来的，是实现"涨价归公"和"平均地权"目标的国家制度安排。土地增值税和地价税制度与"涨价归公"思想相一致，"涨价归公"思想就包括了土地原价税和土地增值税的制度安排。

孙中山的地价税方案虽然明显受到了西方制度和思想的影响，但同时也形成了自己独特的体系。首先，他构想地价税应该作为地方税，"用以经营地方人民之事业，及应育幼、养老、济贫、救灾、卫生等各种公共之需要"②，并为将来《建国方略》中提及的大规模基础设施建设和实施地方自治提供财政保证。其次，孙中山提出"涨价完全归公"，强调"所加之价完全归为公有"是调节土地分配、实现"平均地权"的保证，这才是民生主义③，而土地原价税的合理税率被认为是"值百抽一"④。最后，在地价的核定上，孙中山要求对"私人所有土地，由地主估价呈报政府，国家就价征税，并于必要时依报价收买之"，即政府按照地主申报的价格征收地价税，并同时可以按照相同价格购买土地。两种机制相互配合，确保地主申报地价的真实性⑤。这三个设想是孙中山对地价税制度的主要安排，构成了民国时期地价税研究的理论框架和立法依据。

（二）"涨价归公"思想的制度化进程

1923 年左右，孙中山邀请单·威廉等外国地价税专家草拟有关地价税法规，制定了《广东都市土地税条例》和《广东都市土地登记及征税条例》，主要在广州地区实施。孙中山逝世之后，"涨价归公"的思想被以总理遗教的形式继承下来，国民政府制定了大量地价税和土地增值税的法律、法规，形成了比较规范的体系，并部分地得到施行。1930年南京国民政府公布了《土地法》，是关于地价税的第一部全国性的法

---

① 孙中山．孙中山全集：第 2 卷[M]．北京：中华书局，1982：390.
② 孙中山．孙中山全集：第 2 卷[M]．北京：中华书局，1982：125.
③ 孙中山．孙中山全集：第 2 卷[M]．北京：中华书局，1982：389.
④ 孙中山．孙中山选集：下卷[M]．北京：人民出版社，1981：799.
⑤ 孙中山．孙中山全集：第 2 卷[M]．北京：中华书局，1982：120.

规。抗战时期，1941 年《非常时期地价申报条例》和 1944 年《战时征收土地税条例》明晰了地价核定方法和税率设定，对地价税的施行起到了极大的推动作用。抗战胜利后，国民政府于 1946 年公布了新修订的《土地法》，成为民国时期地价税法律的最终依据。与此同时，地籍整理、地价核定、地价税征收实施办法等方面也出台了大量法规。另外，有些地方政府也制定了征收土地税的有关章程，比如《上海市征收暂行地价税章程》和《浙江省杭州市征收地价税暂行章程》等，都成为地方推行地价税的法律依据。

上海是民国时期推行地价税和土地增值税制度的代表性地区。根据1933 年《上海市征收暂行地价税章程》，市政府开始按照土地价格征收"暂行地价税"，同时规定征收地价税区域内土地买卖应"按时价征收百分之二"缴纳转移税，以作为土地增值税施行前替代的暂行税。[①]租界当局比较早就开始按照地价和租金分别征收地税和房捐，1921—1936年，房捐和地税两项收入在工部局收入总数中一般保持在 70%左右，在公董局经常性收入中也超过了 60%，[②]而同期房捐收入在华界财政收入总数中占了 40%左右。上海正式征收土地增值税已是 1948 年 9月，累计征税时间不过 8 个月，而征税金额只占同期上海市税捐收入 2%~3%。[③]全国其他地区，如北京、南京、杭州等地皆有地价税征收实践。

新中国成立初期，土地税收制度一度沿用旧制继续征收，在政务院公布的《全国税政实施要则》中列举了房产税和地产税。到 1950 年 6月，税收调整，房产税和地产税被合并为房地产税，并在 1951 年 8 月8 日政务院正式公布《城市房地产税暂行条例》。事实上，由于新中国成立前遗留下来的住房租赁制度复杂，上海市直至 1956 年第四季度才取消房捐与地产税，开征城市房地产税。"文革"期间城市房地产税被并入工商税内缴纳。与此同时，中国台湾地区秉承"涨价归公"和"平均地权"的思想进行了系统的土地制度和土地税收制度改革，形成了独具特色的土地税收制度。改革开放以后，城市房地产税进一步分解为房

① 佚名.上海市征收暂行地价税章则汇编[M].出版者不详，1933.佚名.上海市征收暂行地价税章程施行细则[J].工商半月刊，1933，5（17）：100–103.
② 熊月之.上海通史：第 9 册[M].上海：上海人民出版社，1999：69–70.
③ 《上海财政税务志》编纂委员会.上海财政税务志[M].上海：上海社会科学院出版社，1995：100，479–485.

产税和土地使用费，计税标准依然是房地产的价格或租金。2009 年城市房地产税取消，决定改征房产税。

在长期计划经济下，城市房地产税已经失去了先前"平均地权"和"涨价归公"的内涵，土地增值收益分配问题长期处于被忽略的状态。不过随着房地产权的明晰和房地产价值的凸显，土地增值收益分配引发的以暴力拆迁、"钉子户"等代表的社会冲突不断加剧，围绕这个问题的争论也越来越激烈。"涨价归公"是孙中山提出的关于土地增值收益分配的解决方案，也一再被提及，尤其是在关于房产税制度和土地征收补偿制度的讨论中。在回顾了"涨价归公"的来源及制度演进之后，下文分别就这两种制度予以讨论。

二、今日房产税之疑惑

2011 年年初，上海、重庆作为试点开征了部分个人房产税，并将未来在全国推行。许多经济学者习惯性地以为，这是一种类似于西方的房地产税制度，也就是孙中山当年所倡导的地价税制度。在该制度下，享受地方基础设施和公共服务的居民，以房地产税的形式承担社会责任。学者间讨论也多是围绕这个框架的。不过需要注意的是，从上海和重庆推出的房产税具体方案来看，和孙中山的设想完全不同。

首先，征税对象。地价税制度是孙中山调节居民财富分配、防止贫富悬殊的一个工具，包含了对社会财富分配的普遍调节，任何土地都有纳税的义务。然而现行制度中的征税对象不具有普遍性。一方面，重庆和上海的方案不约而同地将征税标准定得很高，比如上海征收对象是指本市居民家庭在本市新购且属于该居民家庭第二套及以上的住房，并有人均 60 平方米免税面积等优惠措施，极大地缩小了征税范围，不仅不能满足地方财政需要，反而存在征税成本问题。另一方面，重庆和上海的方案都具有面向外来人口的限制措施，比如在重庆无户籍、无企业、无工作的个人新购的第二套（含第二套）以上的普通住房需要缴纳房产税，上海更是非本市居民家庭在本市新购的住房需要缴纳房产税（若满足减免部分的规定可免除房产税），存在对外来人口的排斥措施，将旧城市居民理应承担的公共设施费用向新城市居民转嫁。照此办理，则无法通过房产税满足基础设施维护和建设的资金需要。

其次，税率设定。民国学者一再强调土地增值税税率设定的"重税"和"累进税"原则，认为"价高税亦高，既合于公平原则，并可促进土地之利用"。①然而今日房产税税率是比较低的，且差异性不明显。比如重庆按照房价在 0.5%至 1.2%之间变动，而上海只有 0.4%和 0.6%两个级别。房产税基本上是一种财产税，当有调节社会财富分配的基本功能。如此低的税率和如此低的税率差异是很难实现财富分配调节的。

最后，房产税制度设计有待完善。一方面，征税细节有待明晰，比如第二套房的认定、计税依据中房价认定等标准不清。另一方面，一些征税配套机制不齐全，尤其是房价认定方式。如果没有合理客观的房价，那么房产税实施必然受挫。

从上面看出，土地增值收益究竟如何分配在房产税体系内是没有得到解决的。根本性的问题在于，房产税制度作为打压房价的手段，最多只算得上一种房地产奢侈消费税，与构建成熟社会经济基础的房地产税收制度有天壤之别。房产税不应该是打压房价的手段，事实上从中外各国的案例都表明，房产税制度实施对于房价不会有长期影响，有时反而会加剧房价波动。只要存在房价上涨的预期，即使房产税税率再高也不能阻止投机和房价上涨。然而只要当前土地制度不改变，地方政府不会因为微量的房产税而减少对土地财政的依赖，那么在"招拍挂"制度下地价和房价必然存在快速上升的预期。

能够合理分配房地产增值收益的房地产税收制度是构建现代化城市的财政基础，也是解决今日困境的有效途径。一旦明晰房屋、土地的产权，保证土地自由流动，房产税就能够提供持久和大量的地方财政收入，恢复社会土地增值收益分配的合理机制。房产税制度是替代传统土地财政、保证社会和谐的合理途径，有利于恢复地方财政活力，防止其过度依赖土地财政。取消不公平的土地征地补偿，允许土地自由流动，采取类似于孙中山提出的土地原价税和土地增值税相结合的方式，实现"涨价归公"，是替代土地财政的唯一选择。同时，房产税作为一项国家

---

① 国民政府土地委员会于 1937 年颁布的《全国土地调查报告纲要》.

最为重要的地方政府财政制度，如果没有全国的统一布局安排，而任由地方政府制度创新，造成各地制度"割据"，也是让人担忧的。民国时期的地价税实践也证明了没有节制的地方制度创新必然是低效率的。

三、土地征收制度与"涨价归公"

30 多年来中国城市化发展步伐迅速，农地非农化存在巨大的价值增长，对于这部分增值该如何进行分配，一直是理论界和实践领域在思考和探索的问题。鉴于土地征收制度是当前农地转化为非农用地的唯一途径，农地征收补偿标准以及如何保障失地农民的生活是社会关注的焦点问题之一。一部分学者认为当前农地征收低补偿是以孙中山"涨价归公"思想为依据的，"根据'涨价归公'的原则，国家只能保证农村劳动力从事农业劳动的收入"（许坚，1996），"国家依法征收土地增值税之类的税收，使得由农地转变为非农地时而出现的土地增值的大部分回归于社会，这也意味着'涨价归公'"[①]，"'涨价归公'论在土地开发权上的理论支撑，客观上必然是'土地开发权国有'论"（周诚，2006），农地转化为城市用地的增值部分应该归于政府，并由政府用于城市基础设施建设。回溯到前文提及的"涨价归公"本义，可知这些观点可能存在对"涨价归公"的误解。

首先，孙中山"涨价归公"的对象是所有的土地，而不是部分土地，更没有明确限定农地转化为非农用地的土地增值，也就是说不仅仅包括农地，还包括城市用地。事实上，孙中山定义的土地"不仅指陆地而言，凡海洋空气，占有空间面积者，莫不为土地也"[②]。然而今日中国土地制度下，农地涨价需要归公，而城市用地涨价却不"归公"，不具有全面性。这样就不利于土地资源合理配置，导致土地低效率开发。

其次，孙中山"涨价归公"的方式是地价税和土地增值税，根本上是一种渐进的方式，实行累进制的比例税，而不是将农地转变为城市用地时的增值一次性地全部归公。这种方式不仅损害了被征地农户的权益，导致其陷入城市贫民化的危机，而且也不利于维持财政的稳健性，

---

① 周诚．"涨价归农"还是"涨价归公" [J]．中国改革，2006（1）：63-65.
② 孙中山．孙中山全集：第 2 卷[M]．北京：中华书局，1982：510.

造成了今日中国地方政府乐于征收农地，形成土地财政。

再次，孙中山"涨价归公"是依托于成熟的房地产市场的，以土地市场价格和居民自报价格为征税的客观依据，提出地价由地主自行申报的方法，政府有权利"照地价收税"和"照地价收买"。然而，中国今日的土地市场不成熟，只有不具有充分透明性和客观性的评估价格和法定地价，难以找到居民和政府都能接受的客观价格。补偿标准的客观价格只有通过自由市场才能实现，而不是通过行政方式给定地价，或者政府垄断土地买卖。土地市场能不能顺利发展的关键就在于明确土地产权，打破农村内、城市内和城乡间的土地自由流通障碍，使得土地的价格由市场供求来决定。这也是当前土地制度和土地征收制度的症结所在。

最后，根本的差异在于社会环境的不同。孙中山"涨价归公"是以"平均地权"为目标，解决贫富不均问题，因为 20 世纪上半叶最大的贫富问题是土地分配中的贫富不均，"涨价归公"的目的是取之于地主、用之于百姓。但是中国现在贫富差距问题已经发生根本变化，已不存在坐吃地租的地主阶级与饥寒交迫的佃农，最大的贫富不均是城乡差距，也就是有农地的农民和法律意义上没有土地所有权的城市居民间的差距。如果"涨价归公"的对象仅仅限于农地转变为城市用地的阶段，那么这种"涨价归公"无异于将进一步扩大城乡差距。这种导致穷者更穷、富者更富的制度并非是孙中山民生主义的"涨价归公"和"平均地权"。

由上可见，今日中国土地征收补偿等制度实际上是对孙中山"涨价归公"理念的背离。当知，"涨价归公"的基本依据是享受了社会公共基础设施和公共服务，就应该按照其受益比重而承担责任，也就是说，房地产的涨价部分是由于公共投资造成的，所以应该收税。今日实际情况却与此理不同。一方面，通过土地财政大规模投入城市基础设施建设，导致了城市房地产快速升值，房价高涨，然而却不需要支付任何税收；另一方面，农民在唯一的财产——土地被"涨价归公"后，难以在高房价下真正融入城市，甚至有可能会沦为城市贫民。在这种情况下，若以"涨价归公"作为今日中国土地征收补偿和土地财政的依据，不免过于牵强。在当前土地制度下，土地增值收益不仅没有归公，反而归私，更是将贫穷农民的土地增值收益用于城市的基础设施建设，扩大了本已严重的城乡差距。正如有的学者所批评的："一方面'涨价归公'不等于涨价完全归公，任何国家或地区实行土地增值税税率都不可能是100%，但是现行征地制度对农民土地发展权的限制是不支付任何补偿的；另一方面，涨价事实上并未完全归公，土地从农业用途向其他城市土地用途转换中的增值收益被政府和用地单位（如房地产开发商）分享了，既然房地产开发商并非集体土地所有者，也能分享集体土地增值收益，为何作为土地所有者之一的农民却分文不得呢？"（黄祖辉、汪晖，2002）。

四、对"涨价归公"的质疑及回应

"涨价归公"自从提出以来就受到了很多的质疑。比如有学者质疑"涨价归公"是不是一种共产主义；是否违背市场经济保护私人产权的要求；土地增值税转嫁可能难以实现"平均地权"的目的；若土地涨价部分归公，那么地价下跌时政府是否需要补偿（王晋伯，1933）。有学者回应道，地价税征收只对于地价征税，而对于其他住房等私有产权并不实行涨价完全归公，即这种办法还是建筑在私产制度上面，与原有的私有财产并不相妨。所以只能称为"税"，不能称为"共产"（王先强，1931），反问"由于公共社会原因发生的增值，应该归公，否则相当于私人没收公共财产"（王晋伯，1933）。对地价核定方式、税率设定等问题，民国学者也有比较深入的探讨。

时至今日，学术界在反思当前土地征收制度的过程中也包含了对"涨价归公"思想的反思。许多学者指出了"涨价归公"思想的片面性，"它仅仅认为社会应当拥有整个农地开发权，而不顾失地农民也拥有获得充分补偿的天然权利，从而使其受到不公平待遇，也是不可取的"（周诚，2006）；更有学者从经济学角度强调了"涨价归公"背后的经济学是错误的，这种经济学认为，"世间各种资源的市价是由其成本决定的"，"传统理论忽略的，是农地之主对土地增值有一项重要贡献，那就是'放弃'农地的使用权……放弃一项权利，要有代价"（周其仁，2004），要求征用农地应秉持"涨价归农"原则（郑振源，2006）。不过让人担心的是，有学者为了说明今日土地征收制度的荒谬性，在没有深入了解孙中山思想的情况下提出了对"涨价归公"的不尽准确的质疑。甚至有学者提出"大白菜涨价要不要归公？"的问题，这种质疑事实上误解了"涨价归公"对象的范围。土地是与资本和劳动力并列的生产三要素之一，参与社会财富的分配。土地"涨价归公"本质上就是要打压土地和资本，维护劳工权益，与孙中山节制私人资本的主张一致。如果白菜涨价收益归劳动者，而不是资本家所有，那么白菜就不涉及"涨价归公"问题。相反的是，如果罔顾今日中国农村土地增值收益归公而城市土地增值收益归私的现实，那么这种不深入理解孙中山"涨价归公"思想基础的批评又于事何补呢？需要再犯将小孩和洗澡水一同倒掉的错误吗？还存在其他很多学者对"涨价归公"的反思，比如"'涨价归公'的错误理念导致了非公共利益征地行为"（黄祖辉、汪晖，2002），"涨价归公的土地财政"导致了"高土地出让金—高地价—高房价"（崔之元，2011）等。

对当前土地问题的反思不能简单上升到批评"涨价归公"思想的层面。虽然孙中山的"涨价归公"构想从一开始就带有一定的空想主义色彩，不过其根本上是承认居民的财产权利的。正是基于这一点，孙中山选择了渐进的方式重新分配土地增值收益，反对以直接行政手段剥夺人民的财富，并且提出了地价税和土地增值税制度。土地增值税制度是孙中山"涨价归公"思想的制度安排，一方面强调了土地增值收益应该以税收的形式收归国有，用于地方基础设施建设和维护，另一方面也是对土地财产权利参与土地增值收益分配的承认，允许地主享有一定的土地增值收益。更可贵的是，孙中山认定"涨价归公"根本上是以市场为基础的，土地增值收益应该采取累进比例税的形式为社会公有，并反对过高的地价税。这种思路可以取代不合理且难以为继的土地财政，完善房地产税收制度改革，进而形成土地增值收益的合理分配机制。从社会意义上讲，孙中山将"涨价归公"作为对当时自由资本主义纠正的途径，是针对自由资本主义的改良方式，也是平均地权的民生主义。

今日中国土地征收制度和房产税制度问题的讨论中存在今人对"涨

价归公"的错误理解和应用。这之中的关键之处就在于：一方面要认识到地价税制度是与"涨价归公"一致的，不能避开土地增值税和土地原价税凭空谈"涨价归公"；另一方面，"涨价归公"的对象是有限制的，即资产。事实上，"涨价归公"的合理性除了符合社会公平原则、贡献原则、公共利益原则（刘勇，2003）外，还包含了一种经济价值判断，即通过调节资产性收入分配，缩小劳资贫富差距。作为一个经济伦理上长期"不患寡而患不均"的国家，"涨价归公"思想的出现是无可厚非的。中国台湾地区秉承孙中山"涨价归公"思想，顺利完成了土地税收制度改革，并取得了一定的成就。日本、韩国等国家和地区也开展了对土地增值收益的税收改革，构成了政府参与土地增值收益分配的现代土地财税体制，促进了经济发展。东亚地区的发展经验说明，今日土地增值收益分配问题的关键不应在"涨价归公"、"涨价归私"、"私公兼顾"（朱勇，2007）等不同观点之间的争论，而是如何实现公平合理的"涨价归公"，纠正当前不合理的土地制度、土地征收制度和土地税收制度。

五、正确认识"涨价归公"

也许"涨价归公"是一个100多年前的口号，但是却并不过时，因为它直接涉及城市化过程中的土地增值收益分配问题，对反思今日土地征收补偿和房产税问题，无疑具有极其重要的借鉴意义。遗憾的是今日各种制度安排把"涨价归公"作为对土地增值收益不合理分配的借口，并根据对"涨价归公"的错误理解导致了非公共利益征地行为，土地税和土地增值税制度也没有能够很好施行。中国土地税收制度已偏离孙中山和亨利·乔治利用土地利益的公平分配解决贫富差距和社会公正的初衷。因此，正确理解并恢复到"涨价归公"的本义是十分必要的。这要求一方面明晰土地产权，尊重土地私权，发挥土地市场的配置作用，避免公有土地所有制度下公权力对私人土地权益的侵害；另一方面完善土地税收制度改革，强化土地增值税和土地原价税的制定和征税，实现土地增值收益的合理分配。面对今日中国日益复杂的土地问题及其派生的一系列问题，正确理解孙中山的经济思想在今日中国有极其独特和重要的历史借鉴意义。这是我们今天回顾历史所应有的反思。

第三节 "老浦西": 城市化中土地市场机制实践的 本土经验[①]

上海作为中国最大的工商业城市, 其城市发展的经验与教训一直得到各方关注。经过众多学者的长期研究, 有关上海市区及郊区各县的志书、上海市区崛起的发展史等, 已有大量出版。近来很多学者一反长期以来对近代上海崛起的否定和批判, 开始更多地从正面总结这段历史。事实上, 近代上海, 也就是"老浦西",[②] 并不仅仅是充满了贫民窟的十里洋场。作为远东最大的现代化都市, 其迅速崛起继而长期洋溢无穷的创造性说明, 这是一座具有可持续的内在活力的城市。城市化必须包括城市化率和城市现代化程度的同时提高, 从这个二维概念体系看, 近代上海实现了城市化, 在大量吸收外来人口, 特别是外来农村人口的同时, 其城市现代化也达到当时中国的最高水平。反观今日中国, 虽有城市建设的"大跃进", 但本末倒置, 土地城市化大大快于人口城市化, 城市的发展停留在一味追求低价征地和投资, "化地不化人", 在排斥外来人口、农村人口和城市自然增长人口的同时, 陷入一味追求城市自我现代化的困境。解决这种困境之道, 不应简单地以降低城市化速度、限制大城市人口增长等"一刀切"的措施应对, 因为城市化是中国现阶段的主要任务, 也是按照经济规律解决"三农"问题和转变经济增长方式的必然要求。当前的城市化问题不是"要不要城市化"、"城市化速度快与慢", 而是中国城市化的方向和模式, 究竟是继续追求"化地不化人"的单维城市化道路, 还是迅速回到能够同时提高城市化率和城市自我现代化的二维城市化道路上来。要纠正上述城市化的错误道路, 又必须解决城市化中地方政府与市场的相互关系, 更需要在土地制度改革上取得突破。为此, 我们有必要怀着以史为鉴的开放态度, 从城市化的角

[①] 本小节核心内容是本书作者与美国三一学院文贯中教授合作的研究成果(文贯中、熊金武, 2012)。

[②] 由于行政区域变化和城市经济的发展, "浦西"的概念有很大变更。现在的"浦西"主要指黄浦、卢湾、长宁、静安、徐家汇、普陀、虹口、杨浦、闸北等区, 包括了1953年以前形成的"老浦西"和1953年后新扩展的位于黄浦江以西的建成区面积。本书中"老浦西"强调的是在1953年以前建成的市区面积, 其所代指的区域涵盖1940年前原租界和部分华界的建成区, 远小于现在的"浦西"。

度重新审视近代上海城市化经济，尤其是总结近代城市化中的土地制度变革经验。

一、城市化的核心是吸收外来农村人口

城市化是指吸纳农村人口进城定居，成为市民的一部分，以降低农村人口在总人口中的比重。是否有助于提高城市化率是衡量中国城市化顺利发展的最关键指标，而城市化率的提高具体就体现在城市吸收外来农村人口的能力上。正是由于农村人口向城市集中，城市的人口集聚效应才得以彰显，形成城市经济的长期繁荣。城市的人口规模和人口密度、就业创造能力和对外来人口特别是外来农村人口的吸收能力代表了城市聚集人口的能力。正是在这一点上，上海大量吸收外来农村人口的城市化经验对今天的中国有特别重要的借鉴意义。

二、近代上海"老浦西"的城市化绩效

近代上海在大规模接受外来人口的基础上，成为一个人口密集型的城市，形成了强大的需求市场和发达的第三产业，极大地发挥了城市人口的集聚效应。

（一）人口集聚能力

城市集聚首先是人口的集聚，首先表现在人口规模和人口密度上。一个集聚效应高的城市必然表现为城市人口密度的提高和人口规模的高速增长。鸦片战争后，上海成为第一批通商口岸。表 5-2 显示了 1945 年上海中心区面积。表 5-3 和图 5-5 显示了近代上海人口变迁。1852 年上海人口规模只有 54 万，不过到 1950 年已经达到了 498 万，是 19 世纪中叶的 9 倍多。需要指出的是，1950 年人口中绝大多数居住在城市中心区域，达到 414 万人，那么城市化率可以认为超过 80%。相应的，城市人口密度也不断上升，甚至达到了前所未有的状态。1950 年中心区城市人口密度达到了 4.8 万人/平方千米，而人均占地面积不到 21 平方米/人。这说明了城市土地利用的高效率，是一种集约型的土地利用。"老浦西"用 86.7 平方千米的土地，承载了 400 万人口，体现了难得的高效率。

表 5-2   1945 年上海中心区面积   单位：平方千米

	原华界	原公共租界	原法租界	合计
建成区面积	53.847	22.6	10.22	86.667
行政区面积	494.68	22.6	10.22	527.500

注：租界边界曾多次扩展，至 1899 年公共租界面积最后确定为 22.6 平方千米，而法租界面积于 1914 年最后确定为 10.22 平方千米（白吉尔，1994）。由于民国时期没有建成区面积这类统计指标，总建成区面积按照 1945 年上海非农就业比率高的行政区面积之合近似折算，具体指黄浦、老闸、邑庙、蓬莱、嵩山、卢家湾、常熟、徐家汇、长宁、静安、新成、江宁、普陀、闸北、北站、虹口、北四川路、提篮桥、榆林、杨树浦 20 个行政区构成的中心区面积。公共租界和法租界行政区域全部为建成区面积，将 1940 年前上海中心区面积扣除原租界建成区面积就是华界建成区面积近似值。后文中华界和租界建成区面积与中心区面积皆以此为准。

资料来源 整理自：邹依仁.旧上海人口变迁研究[M].上海：上海人民出版社，1980：90-122.

表 5-3   "老浦西"的人口数量、密度和人均占地面积

年份	1935	1936	1937	1945	1946	1947	1950
行政区人口（万人）	3 701 982	3 814 315	3 851 976	3 370 229	3 830 039	4 494 390	4 980 992
中心区人口（万人）				2 801 334	3 186 856	3 731 504	4 141 229
行政区面积（平方千米）	527.5	527.5	527.5	617.99	617.99	617.99	617.99
行政区人口密度（人/平方千米）	7 018	7 231	7 302	5 454	6 198	7 273	8 060
中心区人口密度（人/平方千米）				32 323	36 771	43 056	47 783
中心区人均占地面积（平方米/人）				30.9	27.2	23.2	20.9

注：假定 1947 年和 1949 年的建成区面积与 1945 年的一致。

资料来源 整理自：邹依仁.旧上海人口变迁研究[M].上海：上海人民出版社，1980：90-92，108.

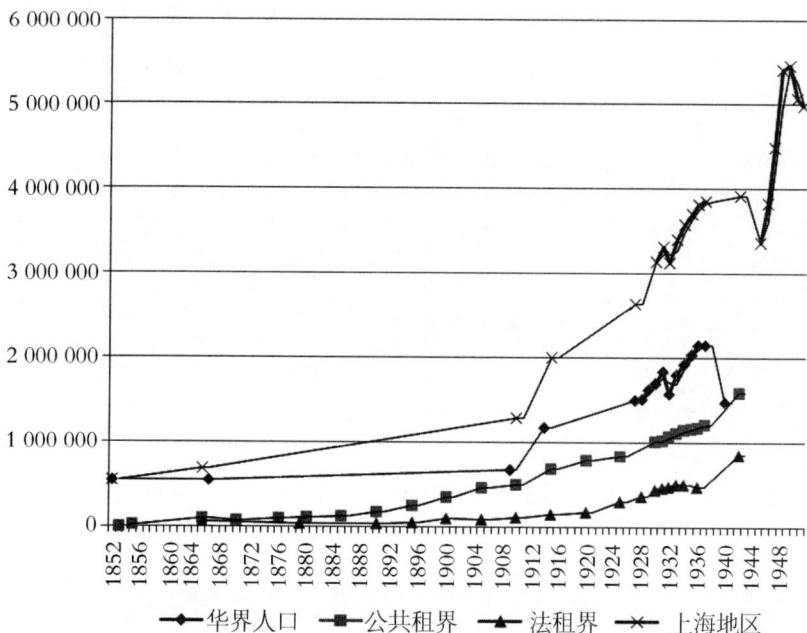

图 5-5　近代上海各地区人口数量变化图（单位：人）

资料来源　整理自：邹依仁．旧上海人口变迁研究[M]．上海：上海人民出版社，1980：90-92，108．

（二）就业创造能力

城市经济发展的核心就是就业创造能力。一个城市只有提供足够的就业机会和更高的收入，才能让农村居民或其他城市人口进入这个城市，从事非农工作。如表5-4所示，"老浦西"的就业创造能力十分强大。1935年上海华界每平方千米就业人数达到2.4万人，公共租界更是达到3.16万人。到1950年，虽然历经了10多年战火的洗礼，不到90平方千米的"老浦西"依然创造了186万个就业机会，单位面积就业人口保持着21 513人/平方千米。同时，我们可以注意到，人口就业结构主要是非农产业，尤其是第三产业创造的，超过了70%。各国经验表明，吸收农民进城工作定居的主要途径是服务业，因为第三产业对从业者素质要求具有多样性，不具备较高文化水平的农村居民依然可以凭借努力取得一份工作。同时，第三产业还有一个特点就是人口越多就业机会越多，因为第三产业本质上是人与人相互服务的工作机会，人口越多，市场就会越来越细分。1935 年公共租界第三产业的就业创造能力达到了 2.26 万人/平方千米。所以，吸收人口和创造就业是一个互动的过程，形成一种高人口规模和高就业率的有效机制。

表 5-4 近代上海建成区吸收就业人口

区域	总就业人口（万人）	建成区面积（平方千米）	建成区单位面积就业人数（人/平方千米）	就业结构		
				第一产业	第二产业	第三产业
华界(1935)	129. 8	53.8	24 111	15	34.6	50.4
公共租界(1935)	71.6	22.6	31 682	0.2	28.6	71.2
"老浦西"(1946)	165.7	86.7	19 119	0.5	28.4	71.1
"老浦西"(1950)	186.5	86.7	21 519	0.5	22.0	77.4

资料来源 整理自：邹依仁. 旧上海人口变迁研究[M]. 上海：上海人民出版社，1980：106，107.

（三）外来人口吸收能力

城市化的人口来源主要包括城市郊区人口和外来人口。鉴于城市郊区面积有限，城市郊区人口相对规模小，所以外来人口是城市化人口的主要来源。大城市的形成和发展需要提高对外来人口的吸收能力。近代上海吸收外来人口的能力突出。1852 年前后，上海外地人稀少，租界里面主要是少部分担任翻译的广东人。不过，如表 5-5 所示，外来人口不断增长，到 1950 年外来人口成为近代上海人口的主体，接近85%。如图 5-6 所示，由于地理位置接近，江苏和浙江居民更便利地到达上海，成为外来人口的主要组成部分，占外地籍人口的 80%以上。宁波、无锡等地人口都形成了独立的商会，成为上海经济发展的核心。需要指出的是，上海不仅是和平时期外地居民寻求发展的场所，也是战乱饥荒等情况下外地居民寻求生存的场所。1929—1936 年是上海经济发展的黄金时期，而来自山东、安徽、江西、湖南等贫穷省份的人口增长了一倍，成为外来人口的主要增长点（忻平，2009）。同时，每一次战争周边地区居民都涌入上海，直接推高上海人口规模。仅 1937 年登记的 7.5 万难民就有约 1/3 来自穷困的苏北（韩起澜，2004）。由于中国幅员广阔，区域经济差异大，上海这样的国际大都市必然承担带动全国现代化的使命，吸收外来人口尤其是老少边穷地区的人口，就有利于减少区域差异，提高中国城市化率和缓解"三农"问题。同时，外来人口也给上海带来了劳动力、资本、技术，以及丰富的多元文化，使近代上海崛起为国际经济中心、金融中心、贸易中心和航运中心。

表 5-5 　　　　　　　　　　上海市人口籍贯构成

年份	1930	1935	1946	1950
上海籍人数	636 567	750 181	767 902	750 855
非上海籍人数	1 966 642	2 403 078	2 996 728	4 230 137
上海籍人口比例（%）	24.5	23.8	20.7	15.1
非上海籍人口比例（%）	75.5	76.2	79.3	84.9

注：1930 年和 1935 年的数据不包括法租界的人口，因为法租界没有作过人口籍贯统计。

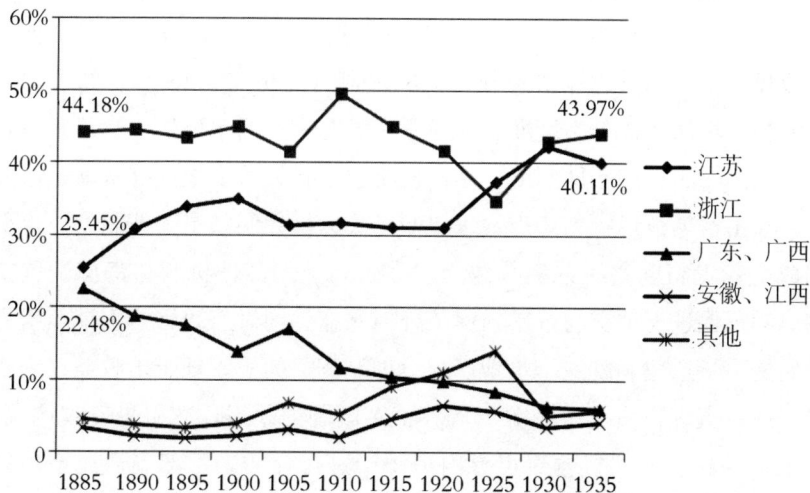

图 5-6　公共租界外来人口来源分布变动图

资料来源　整理自：邹依仁. 旧上海人口变迁研究[M]. 上海：上海人民出版社，1980：112-113.

三、近代上海"老浦西"城市发展经验

近代上海"老浦西"城市化模式从根本上是指由租界开创并为华界当局所借鉴的一系列市场导向型城市制度，主要体现在奠定城市土地管理制度基础上的土地章程、中外人口自由流动制度和地税房捐制度。

（一）城市土地产权和管理制度

土地章程是租界的"根本大法"。上海租界从 1845 年 11 月设立开始，至 1943 年 8 月结束，历时近百年。土地章程也有一个演化过程，主要包括 1845 年《上海地皮章程》、1854 年《上海英法美租界租地章程》、1869 年未经中国政府公开承认的土地章程修改稿及其多次增改版本、1893 年《上海新定虹口租界章程》等（徐公肃、丘瑾璋，1980）。土地章程奠定了中国近代现代城市土地产权和流转制度的基础。首先，确定土地产权范围。土地章程规定"商人租赁基地，必须地方官与领事官会同定界，注明步数、亩数、竖立石柱……商人报明领事官存案，并将认租出租各契，写立合同，呈验用印，分别发给收执"（史梅定，2001），构建了明晰的城市土地产权。其次，土地章程要求"如有分租、转租房屋，换租地基之事，亦应随时报明备案"，放弃了对土地流转数量、土地转让价格等市场行为的限制（史梅定，2001），为土地产权流转市场行为作了制度准备。最后，肯定道契的永租权，构建了一种基于使用权的私有土地制度，从而便于土地转让、土地抵押贷款、造屋出售和出租等市场行为。土地永租制度成为租界的基本土地制度。永租制成为基本制度之后，配套建立了一系列土地治理机制与资源配置机制。为了促进土地交易效率、保障外商利益，同时有效管理土地，租界当局提出了道契制度这一土地产权管理制度。为了管理土地收益，为租界市政发展提供资金，租界当局移植英国国内政策，在租界征收地税、房捐，并建立专门机构对租界内房地产进行评估。工部局通过土地储备、土地征收与置换等交易方式，与私人之间交易和拍卖共同构建了多层次的土地使用权交易市场（熊金武、徐庆、高峰，2014）。于是，农民可以将土地出售或出租给租界当局和开发商，城市土地按照价格规律流转，地方政府、开发商和农民都可以分享土地增值收益。租界的土地

管理制度为华界当局所借鉴，形成了近代上海市场导向型的城市土地制度，在上海城市化发展中发挥了重要的作用。

（二）人口自由流动制度

限制人口迁徙的政策在古代中国虽然存在，却不是主流。不过，上海成为通商口岸之初，施行华洋分居。华人不得进入洋人居留地居住，洋人则不得越界居住。1843 年上海的英商及传教士共 26 人，是最早一批来沪的外侨。包括为洋行服务的买办都不允许住在租界，所以租界内华人只有当地农民大约 500 人。到 1851 年洋人居留地常住人口只有 265 人，可谓"人烟稀少，功能单调"①。1853 年小刀会攻占上海县城，当地 2 万名上海县城居民涌入被视为较为安全的洋人居留地，使之顿时成为一个"繁华"、"热闹"场所。1860 年，太平天国进攻苏州，又有 50 万~70 万难民涌入上海租界。外商乘机建造大片石库门房子出租牟利，英法领事向中国政府要求修改土地章程，正式确认华洋杂居。②于是，大量外省籍人口，特别是外省籍农村人口得以自由进入上海谋生和定居。当时人口流动性非常高，如表 5-6 所示的迁入、迁出人口占总人口比例平均为 20%以上，甚至在 1936 年达到 26.7%。人口自由流动制度是人口要素按照市场机制配置的前提，彰显了城市的人口吸收能力。

表 5-6　　近代上海人口迁入和迁出情况（1930—1937 年）

年份	1930	1931	1932	1933	1934	1935	1936	1937
迁入人口数量	190 105	254 530	306 712	473 228	458 265	416 077	519 997	414 942
迁出人口数量	66 299	148 769	208 706	199 042	302 099	316 605	498 981	326 754
迁入超过迁出人数	123 806	105 761	98 006	274 186	156 166	99 472	21 016	88 188
迁入迁出合计人数	256 404	403 299	515 418	672 270	760 364	732 682	1 018 978	741 696
人口迁移率（%）	8.2	12.2	16.4	19.7	21.3	19.8	26.7	19.3

资料来源　整理自：邹依仁.旧上海人口变迁研究[M].上海：上海人民出版社，1980：118-121.

① 熊月之.上海通史：第 5 册[M].上海：上海人民出版社，1999.
② 熊月之.上海通史：第 4 册[M].上海：上海人民出版社，1999.

（三）城市房地产税收制度

地税和房捐制度是一种基于土地和房产的市场价格的现代城市财税制度。其中地税是按土地估价总值的一定比例由租地人或土地占有人每半年缴付一次的一种直接税，税率一般在千分之二点五至千分之八；房捐是按房租的一定比例由房屋的承租人或自用房屋的业主缴纳。这种制度安排是从西方制度移植形成的，受到西方思想影响（贾彩彦，2007）。地税和房捐收入随城市房地产行业的发展而增长，成为近代上海城市建设和维护的主要财政收入来源。地税和房捐制度构成了城市房地产增值收益部分再分配的相对合理机制，使得城市化率快速提高时，新增人口和原有城市居民共担城市现代化成本，共享城市现代化绩效。

需要说明的是，市场导向型城市化道路并不排斥政府的土地区划和城市规划。在很大意义上说，近代上海的城市规划相对中国传统的城市建设是一大进步。例如 1869 年《法租界公董局警务路政章程》、1901 年《公共租界工部局中式新房建造章程》等包含了限定住房建设地基高度，强调建设路灯、公厕和下水道等公共基础设施，禁止占用公用道路和公然虐待家畜等内容（史梅定，2001）。当然，这些现代化的城市规划不是由政府运用行政力量强制推行的，而是在尊重私人产权和个人自由的基础上，通过市场实现，防止城市贵族化，并且不是简单照搬西方的城市规划，注意中外文化兼容。[1]

四、近代上海"老浦西"城市化问题的再反思

由于长期以来对近代上海城市发展存在各种批评，那么今日要重新认识近代上海模式，就必须对近代上海"老浦西"模式的各种观点予以深入的再反思。[2]

---

[1] 例如 1845 年《土地章程》包括了尊重中西不同葬礼仪式和维持华人祖坟维护与祭拜的内容："商人葬地界内，遇有已故之人，任听照本国葬礼治理，华民不得拦阻，并不得毁坏坟墓"，"旧有华民坟墓，租户等不得践踏毁坏。遇有应行修理之处，听凭华民通知租户，自行修理。其祭扫之期……各租户不得拦阻，致拂人情……如有华民坟主自愿迁葬者，听从其便"（史梅定，2001）。

[2] 如果说城市化是中国最大的民生问题之一，那么"老浦西"模式所代表的正是近代基于尊重市场规律的民生经济思想。当前城市化过程中导致的种种民生问题都可以从"老浦西"模式中得到启示。无论是"老浦西"对待贫民窟、摊贩、难民甚至舞女的态度，还是在土地和人口等城市制度构建方面的成就，都是根植于深厚的中国传统文化和尊重市场经济规律的精神。

（一）上海是否仅是一个消费型城市？

虽然第三产业在上海产业结构中居于主导地位，70%以上的居民在第三产业就业，不过上海作为近代中国工业化水平最高的现代化都市是众所皆知的。那种认为近代上海是一个生产功能微弱的消费型城市的观点，不免有失偏颇，很大部分是受到一段时期强调重工业优先发展的苏联模式的影响。事实上，第三产业的发达现在已经被认为是城市现代化水平高的体现，并且由于其对人力资本不高的农业人口具有特别强大的吸收能力，第三产业成为发展中国家农民分享城市集聚效应的主要就业途径。这也是近代上海大量吸收外来人口尤其是农村人口的原因所在。

（二）"贫民窟"问题

"贫民窟"一直被认为是近代上海城市建设失败的集中表现。不过，在人口流动自由的情况下，棚户区居民之所以不顾居住条件恶劣而定居上海，不是仅仅因为上海能提供避免战乱灾荒的环境，而是由于近代上海能提供比全国其他城市更高水平的发展机会，即便是上海的贫苦工人，也能比同时代全国其他城市的工人维持更高的生活水平（忻平，2009）。事实上，近代上海贫民窟问题并不如想象中严重。1936 年 12 月上海华界的棚户和船户户数不超过 10%，人口数也不超过 9%（见表 5-7）。更可贵的是，经过近百年的发展，当年的贫民窟早已不存在，取而代之的是高楼大厦。事实上，贫民窟的发展不在于基础设施的改进，而在于贫民窟居民人力资本的提高。当年贫民窟的居民已经成为当代上海城市的主要构成人群，人力资本和收入都有大幅度的提高，大大超过了留在原来江苏、浙江等省份的同乡。如果没有当年的贫民窟和华洋杂处，很难设想会有后来的繁华上海。

（三）外来人口的失业和贫困化问题

市场导向型的城市化虽然不能保证每个农村居民进入城市后都能有稳定的工作和安逸的住房，但给予了民众在城市工作和居住的自由选择权，典型代表就是近代上海人口的高度流动性。首先，外来人口可以自由选择进出城市，在大量人口进入上海的同时，也有相当部分的外来人口重返原籍，因为在土地私有制下不存在进入了城市就失去在农村生存

表 5-7　　　　　　　　　1936 年 12 月华界户的分类比例

	户数	人口数	每户人口	户数比例 (%)	人口数比例 (%)
住户	347 776	1 619 817	4.66	80.73	76.17
铺户	36 671	235 916	6.43	8.51	11.09
棚户	39 339	180 647	4.59	9.13	8.49
公共处所	3 330	72 201	21.68	0.77	3.40
船户	3 692	18 022	4.88	0.86	0.85
合计	430 808	2 126 603	4.94	100.00	100.00

注：该统计不包括外国人。

资料来源　邹依仁. 旧上海人口变迁研究[M]. 上海：上海人民出版社，1980：100.

发展的机会的问题。以 1930 年至 1937 年间为例，每年迁入、迁出人口合计从 25 万升至 70 万以上，约占同期上海总人口的 20%[①]，体现了近代上海的城市活力。其次，外来人口可以根据收入水平选择居住的地段和房屋，并未被要求居住在一些由政府规定房屋面积和房型的房屋与街区之中。最后，外来居民可以自由选择符合自己人力资本的职业，而不会由于户籍制度、城市管理综合制度等被排斥于城市之外。所以，一旦第一代外来人口按照自己选择的方式定居下来，就会产生新的分工和就业，也许经过一代人的打拼，第二代和第三代就可以有稳定的城市生活。这在上海城市史上是很普遍的。例如 100 多年前苏北高邮居民开始到俞泾浦河岸王家宅搭草棚宅居，至 1950 年已有苏北移民 427 户 2 226 人，多以竹畚箕的加工和销售为生，此地渐被称为"畚箕浜"。1993 年的调查显示，此地居民的文化程度大有提高，原住的草棚已为砖木结构的平房或楼房所替代，居民完全融入了现代的上海都市生活（王明辉、姚宗强，1999）。上海正是因为能够给予不同阶层的外地人以机会和希望，才有了今天的非凡发展。

（四）本地居民生活水平是否受到负面影响的问题

近代上海虽然吸收了大量外地人口，外来人口占据上海人口的大多

---

① 邹依仁. 旧上海人口变迁研究[M]. 上海：上海人民出版社，1980：118-121.

数，但是本地人口的生活水平并没有降低。比如租界是上海工商业最为
集中、现代化程度最高的城区，以外国人和成功华人居民为主，在
1885 至 1935 年间公共租界内上海籍人口比例上升了一半，达到 21%
（见表 5-8）（邹依仁，1980）。这说明近代上海模式下本地人口不但没
有被边缘化，反而能够维持比较高的生活水平，或者外来人口逐渐融入
本地。其中一个重要原因是，在市场导向型的城市土地制度下，当地的
失地农民能够分享土地增值收益，从而得以比较顺利融入城市的核心区
域工作和生活，免于因技能和资本缺乏而陷入贫困。近代上海提供了一
个全国各地居民共同奋斗的平台，不存在强力排斥外地人的制度安排，
其经济发展机会向中外开放，从而充满自由平等的生机。

表 5-8　公共租界上海籍人口与非上海籍人口比例（1885—1935 年）（%）

时间	1885	1890	1895	1900	1905	1910	1915	1920	1925	1930	1935
上海籍人口	15	17	19	19	17	18	17	17	17	22	21
非上海籍人口	85	83	81	81	83	82	83	83	83	78	79

资料来源　邹依仁．旧上海人口变迁研究[M]．上海：上海人民出版社，
1980：112．

五、借鉴"老浦西"模式的城市土地制度

如前所述，"老浦西"在近代城市化进程中取得了突出的成就，不
仅有高密度的集聚人口，集约地运用土地，在就业创造中以第三产业为
主，而且对各种收入结构的人口，特别是来自外地贫困地区的农村人口
具有高度包容性。这非常适合人均土地面积少、农村人口众多且城乡差
距大的国情。事实上，从城市发展经验的角度考察，近代上海城市化开
创了一种可复制的市场导向型城市化道路，也就是以市场原则为基础，
人口、土地、资本等要素以市场供求价格为杠杆自由流动，密集吸收外
地人口，开创了一条符合国情的人口密集型城市化道路。"老浦西"模
式的核心制度就是保护和明晰土地产权的土地章程、打破华洋分居的人
口自由流动定居制度、作为城市建设资金主要来源的房捐和地税制度
（文贯中、熊金武，2012）。这三者构成了市场导向下人口密集型城市化

道路的基本框架，也是近代上海迅速崛起的根本所在，值得借鉴。

近代上海基于市场的土地制度更是需要借鉴。近代上海的繁荣是离不开其优良的土地制度的。近代上海的道契制度规避了土地所有权争论，构建了基于使用权的产权明晰的土地制度。同时，这种土地制度不仅具有明晰的产权，更完全服从市场化配置，构建了一整套完整的土地财税、土地金融、土地交易流转、土地管理等创新性制度安排。这事实上提供了中国城市化中土地市场化配置的制度宝库。对于正向世界各地寻找城市化启示的中国来说，近代上海"老浦西"模式代表的宝贵的本土经验具有特别的指导意义，其土地市场化的制度是最值得当代中国借鉴的一部分。

第四节　中国土地市场化改革的历史经验与当代探索

土地制度改革是全面深化改革的重要内容。30 多年前的家庭联产承包责任制释放了农村生产力，不过亟需全面深化改革，实现土地产权明晰和稳定，以便利土地流转和体现土地资产价值。土地要素的市场配置在中国历史上长期存在，有一套自发的有效制度安排。在初始土地产权基本平均条件下的土地要素市场化配置，可能形成公平与效率的统一。中国土地制度改革需要借鉴中国改革的经验，尤其是呼唤改革者精神，遵循民生优先、群众路线和实事求是等原则。

一、中国土地制度改革的历史经验

2013 年《中共中央关于全面深化改革若干重大问题的决定》明确提出农民平等参与现代化进程、共同分享现代化成果，土地制度改革再一次出发。产权是所有制的核心，土地制度改革"过河"应该寻找的"石头"就是土地产权。围绕"市场在资源配置中起决定性作用"的方向，深化土地经济体制改革的核心内容就是构建满足市场配置要素要求的土地产权，也就是构建"归属清晰、权责明确、保护严格、流转顺畅的现代产权制度"。

（一）土地产权明晰

产权明晰有利于降低要素流动和分配的成本，有利于形成经济高效

率。只有产权明晰的土地，才能构成市场机制配置的对象。在 20 世纪
上半叶的土地改革中，中国共产党非常强调土地产权的明晰，在《土地
法大纲》中规定没收或征收地主土地的范围，分配给农民的土地都有明
确的界定，并且"分配给人民的土地，由政府发给土地所有证"。①中国
农村土地制度改革的一个重要内容就是土地产权的明确化。根据《中华
人民共和国农村土地承包法》，土地承包合同一般包括发包方、承包方
的名称，发包方负责人和承包方代表的姓名、住所；承包土地的名称、
位置、面积、质量等级；承包期限和起止日期；承包土地的用途等。同
时，农村集体土地确权登记可有效解决农村集体土地权属纠纷，在城镇
化、工业化和农业现代化进程中切实维护农民权益。所以，2008 年
《中共中央关于推进农村改革发展若干重大问题的决定》明确提出"搞
好农村土地确权、登记、颁证工作"。2011 年 5 月，国土资源部联合财
政部、农业部下发了《关于加快推进农村集体土地确权登记发证工作的
通知》（国土资发〔2011〕60 号）。国土资源部的统计显示，截至 2012
年 10 月底，全国农村集体土地所有权确权登记颁证率为 86%。其中广
西、天津、海南、安徽等省的确权颁证覆盖率已经超过 95%（李乐，
2012）。2013 年 3 月 5 日温家宝在政府工作报告中明确强调要认真搞好
土地确权登记颁证。确权颁证是成渝统筹城乡综合改革试验区的重要内
容，工作已经完成，绩效已经开始彰显。2014 年 11 月中共中央办公
厅、国务院办公厅《关于引导农村土地经营权有序流转发展农业适度规
模经营的意见》提出，按照中央统一部署、地方全面负责的要求，在稳
步扩大试点的基础上，用 5 年左右时间基本完成土地承包经营权确权登
记颁证工作，妥善解决农户承包地块面积不准、四至不清等问题。不
过，确权登记是一项系统工程和基础工作，还有待进一步完善，不仅需
要建立纠错机制，更要构建土地产权变更登记的长期机制。这样才能为
土地要素的市场化配置提供明晰的交易对象。

（二）土地产权稳定

符合土地市场需求的土地产权不仅应该在空间上是明晰的，而且在

---

① 中央档案馆.解放战争时期土地改革文件选编：（一九四五——一九四九年）[M].北
京：中共中央党校出版社,1981：85—87.

时间上应该是稳定的。在中国传统土地流转中，买卖的对象是一个包括无限期限在内的一定期限内的土地产权，抵押、典让对象是一定期限内的所有权，转租则是一定期限内使用权的流转。时间太短的土地难以通过市场调节。在家庭联产承包责任制之初，村集体拥有土地再分配的权力，不利于土地产权的稳定。不过，土地产权的稳定性正不断强化。《中华人民共和国农村土地承包法》第二十条规定："耕地的承包期为三十年。草地的承包期为三十年至五十年。林地的承包期为三十年至七十年。"第二十七条规定："承包期内，发包方不得调整承包地。承包期内，因自然灾害严重毁损承包地等特殊情形对个别农户之间承包的耕地和草地需要适当调整的，必须经本集体经济组织成员的村民会议三分之二以上成员或者三分之二以上村民代表的同意，并报乡（镇）人民政府和县级人民政府农业等行政主管部门批准。"于是，"土地承包权三十年不变"构成了土地流转比较稳定的产权基础。2008年《中共中央关于推进农村改革发展若干重大问题的决定》和2013年中国共产党十八届三中全会《中共中央关于全面深化改革若干重大问题的决定》明确规定"稳定农村土地承包关系并保持长久不变"。这为土地市场化流转构建了扎实稳定的土地产权基础。中国土地有效利用也需要长期稳定产权的农地制度（黄季焜等，2008）。坚持和强化土地产权稳定性是土地市场化流转的基本前提。

（三）土地产权流转

土地产权流转是由土地生产要素属性决定的，也是土地产权制度的重要构成。构建恰当的土地流转制度是土地要素市场化配置的基本要求。《中国土地法大纲》明文承认农户对农地"自由经营、买卖及在特定条件下出租的权利"。[1]不过，在人民公社时期，农民没有了携带土地退出人民公社的自由，土地流转不可能通过市场配置，因为人民公社不仅否定了租让、抵押、买卖等土地流转的形式，而且除了国家与公社外的市场主体几乎不存在。家庭联产承包责任制肯定了以家庭为单位的土地经营权，为土地流转机制准备了多元的市场主体，农户间土地流转成为可能。《中华人民共和国农村土地承包法》明文规定"通过家庭承包

---

① 中央档案馆.解放战争时期土地改革文件选编（一九四五——一九四九年）[M].北京：中共中央党校出版社，1981：85-87.

取得的土地承包经营权可以依法采取转包、出租、互换、转让或者其他方式流转"。这就为农村土地租让打下了基础。不过，此时的交易对象还停留在土地使用权的短期租让，比较简单。林权改革探索出了新路，即按照"依法、自愿、有偿、规范"的原则，鼓励林木所有权、林地使用权有序流转。

土地产权改革不仅是分配问题，而且应该将土地流转包括进来。只有实现了土地在产权明晰基础上的自由流转，才有土地要素价值的提升，实现效率与公平的兼容。所以，为了进一步构建符合土地市场需求的土地产权，《中共中央关于全面深化改革若干重大问题的决定》明确规定了多种土地流转形式，提出"赋予农民对集体资产股份占有、收益、有偿退出及抵押、担保、继承权。保障农户宅基地用益物权，改革完善农村宅基地制度，选择若干试点，慎重稳妥推进农民住房财产权抵押、担保、转让，探索农民增加财产性收入渠道"。同时，"建立农村产权流转交易市场，推动农村产权流转交易公开、公正、规范运行"，营造健康完善的土地市场。

该决定为土地产权流转实现了多方面的突破。首先，提出了多样的土地流转形式，包括抵押、担保、继承权，以及入股等。其次，实现了交易主体的多元化，即通过"有偿退出"机制，[1]实现了以农户家庭为单位的土地流转。土地产权多元化是符合社会生产组织形式多样性特征的，也是通过市场机制配置土地要素的基础。最后，完善了交易对象。农户不仅具有土地承包权的占有、使用、收益、流转及承包经营权抵押、担保权能，而且具有宅基地用益物权的更多流转权利。这就构建了符合市场需求的土地产权制度。在中国快速城镇化过程中，针对农地城镇化的流转应该是土地产权流转机制的核心，依然需要进一步强化，尤其是城乡生产要素的双向流动机制。

二、市场在土地要素配置中起决定性作用的历史记忆

新事物总让人疑惑。每一次改革总让一部分人兴奋、一部分人失望，以及更多的人彷徨。对于此次土地制度改革大可不必，因为当前的

---

[1] 中共中央关于全面深化改革若干重大问题的决定.

土地改革是有方向的改革——"市场在资源配置中起决定性作用"。这种便于市场配置的土地制度并不是一种全新的制度安排，是中国人数千年来的历史记忆。在新中国成立前，土地市场流转扎根于中国人的经济行为中，包括租佃、买卖、抵押、典当等一系列交易形式。在长期的土地市场流转下，土地契约精神深入人心。地契不仅载明土地面积、位置、四至边界、价钱以及典买条件等，由当事人双方、亲属、四邻、中人及官牙等签字盖章。地契是转让土地所有权的证明文件，可以凭它作抵押贷款，体现了产权的明晰性。同时，地契受到政府保护，即经官府验契并纳税后，民间的"白契"就成为官方保护的"红契"。这些都代表了中国传统土地市场配置的普遍性。这种土地制度在几乎没有外部支持的情况下承载了当时世界历史上 20%~35%的人口（麦迪森，2004），创造了数千年的灿烂中国农业文明。

土地市场可以包括多种土地产权制度，产权多元化是土地市场配置的基础。《中共中央关于全面深化改革若干重大问题的决定》明确"坚持农村土地集体所有权，依法维护农民土地承包经营权"。基于集体土地所有权和农户土地承包经营权的土地制度将是中国未来土地市场的产权基础。这种土地产权的土地市场在中国历史上也并不陌生。明清永佃制度和上海道契制度就是相类似的两种产权制度安排。

永佃制度盛行于明清时期。地主拥有田底权，佃户则拥有稳定的土地田面权。田面权不仅可以转租，还能用于抵押、买卖。田面权事实上就是一种明晰和稳定的土地使用权。田面权的流转就是一种土地使用权的土地市场。田面权流转不仅促进了土地效率的提高，而且还为佃农融资提供了资产，构成了中国传统农业繁荣的产权基础。道契制度是近代上海租界的土地产权基础。从产权结构上看，道契仅仅是外国人在中国境内用永远租用的名义，向业主租赁土地的契约。该契约要由当地的道署发给地契，故曰道契。名义上道契仅仅是土地使用权的契约，不过道契却构成了近代上海租界繁荣土地市场的交易对象。道契构成了上海这座中国最大近代化城市的土地产权基础。

中国传统土地市场经验表明，基于土地使用权的土地市场依然可以有效。只要土地使用权是稳定明晰的，甚至只要不受大的外部干扰，不需要外部机构确权，允许土地市场自发组织，土地使用权就可以成为土地市场配置的对象，且有助于提高土地市场的效率。因为市场机制的效率与产权所有制无关，而是与产权能否适应市场配置有关。这包括土地产权的明晰、土地产权的稳定和土地产权的流转性等。

除了产权制度外，传统中国社会土地市场非常发达，存在多种土地交易形式，比如出租、押租、抵押、典当、活卖、绝卖等。多样化的土地交易形式不仅表明土地市场的成熟，也有利于保护农民的多样化的土地需求。比如典不仅让农民取得了融资，而且有利于保持土地生产力，防止土地利用的低效率（龙登高、彭波，2010；龙登高、林展、彭波，2013）。多样化的土地交易形式是土地市场化改革必须要鼓励和肯定的，这正是《中共中央关于全面深化改革若干重大问题的决定》所指明的方向。

土地市场化是中国人不可磨灭的社会历史记忆。数千年的土地市场构成扎根于中国文化中的土地市场意识。现在 70 岁以上的老人都曾经在年轻时参与过土地市场流转，近 30 多年的农村土地流转行为也构成了新的土地市场行为经验。中国土地市场的历史记忆和当代土地市场行为经验都有助于推动土地要素市场化配置的改革。

三、当代探索：浦东经验与深圳经验

中国城市化道路中如何探索合适的土地制度呢？事实上，在过去 30 多年中中国涌现了多种探索，使得当前的土地市场化改革有例可循，也是一种当代的历史经验。值得关注的主要是浦东经验和深圳经验。

（一）浦东经验

上海改革开放的关键节点是浦东大开发。20 世纪 90 年代浦东新区成立的时候，广东、福建等省份已经依托其靠近中国香港和台湾、华侨众多等优势，开放了 10 多年，取得了长足的发展。不过，短短 20 多年过去后，浦东新区已经一跃成为国际企业云集、世界上现代化程度最高的地区。[①]浦东的成功离不开其独特的土地制度，即浦东大开发后逐渐形成的一套城市土地经营管理和土地财税的制度安排，这就是浦东经验。

---

① 由于行政区域变化和城市经济的发展，浦东新区的概念有一些变动。本书中的浦东新区主要是指 1990 年至 2009 年兴起的浦东新区建成区部分，而不包括 2009 年合并入浦东新区的南汇区。相关数据也以此为准。

在政府主导下，行政性的土地征收和出让制度成为配置土地的唯一手段。浦东新区进行了大规模土地开发，建成区大幅扩张。如表5-9所示，1997—2007年浦东新区建成区面积增加了两倍多，达到了228平方千米；人均居住面积增加了1倍多，达到了37.4平方米。这些成就的取得依赖于大规模的土地投资。1990—2007年浦东新区累计城市基础设施投资额为1 883亿元，全社会固定资产投资额为7 549亿元，分别占上海全市投资额的20.93%和21.27%。①大规模城市建设的资金来源是土地财政。地方政府依靠出让土地使用权的收入来维持地方财政支出，事实上是将农地转为城市用地过程中的第一次增值收益用于城市现代化建设。由于地价税和房产税等制度缺失，农地转为城市用地后进一步增值的收益却大部分归城市居民所有，相形之下现行土地制度对农民的剥夺暴露无遗，失地农民很可能由于缺乏技术和资本而沦为城市贫民。浦东新区政府大规模开展低价征地并高价出售的土地财政，1995年迄今出让土地面积累计达到了73.6平方千米，1990—2007年浦东新区耕地面积减少151.7平方千米，相当于耕地总面积的65%（见表5-10）。然而，土地财政并不能长久地提高地方政府的公共财政实力，反而成为导致城市地价和房价上涨的重要因素之一。

表5-9　　浦东新区建成区面积、投资总额和人均居住面积

年份	1997	1998	1999	2000	2001	2002	2003	2004	2005	2006	2007
建成区面积（平方千米）	70.2	76.7	85.9	101.9	110.0	121.2	162.0	167.0	170.0	180.0	228.0
城市基础设施投资额（亿元）	119.3	154.7	156.5	54.5	105.4	171.4	155.6	121.2	126.0	156.0	234.5
全社会固定资产投资额（亿元）	504.4	583.2	438.2	351.1	416.2	587.2	602.2	651.9	693.6	660.0	784.1
户籍人口人均住房面积（平方米）	—	16.6	17.3	23.6	25.0	27.5	30.3	33.2	34.8	36.7	37.4

注：1990年后上海市和浦东新区的数据均参见于1993—2009年对应年度的《上海统计年鉴》和《上海浦东新区统计年鉴》。

---

① 本书1990年后上海市和浦东新区数据均参见于1993年至2009年对应年度的《上海统计年鉴》和《上海浦东新区统计年鉴》。

表 5-10　　　　　　浦东新区土地出让和耕地面积减少情况　　　　单位：平方米

年份	1995	1996	1997	1998	1999	2000	2001
土地出让面积	6 467 600	2 144 700	3 980 900	2 339 300	2 551 900	5 342 900	13 512 100
耕地减少面积	3 900 000	12 840 000	4 030 000	1 820 000	3 990 000	1 330 000	2 750 000

年份	2002	2003	2004	2005	2006	2007	2008
土地出让面积	9 911 100	6 788 600	6 287 900	5 550 000	5 462 500	2 200 600	1 032 600
耕地减少面积	5 960 000	1 4980 000	8 380 000	6 34 0000	5 620 000	2 720 000	—

　　资料来源　2001 年后的土地出让面积数据来源于《上海房地产发展报告 2009》，其余数据来源于历年《上海统计年鉴》。

　　遗憾的是，大量资本和土地投入后的浦东新区却没有足够的人口集聚能力。如表 5-11 所示，建成区户籍人口密度不断下降，1990—2008 年从 16 184 人/平方千米下降到了 7 930 人/平方千米，而浦西人口密度基本保持在 2.1 万人/平方千米。相应的，浦东就业创造能力从 1997 年的 13 986 人/平方千米下降到 2007 年的 6 538 人/平方千米，显著低于上海市 10 751 人/平方千米的平均水平。《上海浦东新区统计年鉴 2009》的数据表明外来人口在常住人口中所占比例只有 30%左右，而外来户籍人口就更少。户籍迁入上海的外省人口中的城镇人口占了 88.2%，也就是说上海接纳的外地人口中农村人口只有约 11.8%，[①]其中还包括了大量以农村户籍或边疆户籍返回上海的知识青年。这充分说明了浦东新区人口集聚能力下降以及城市土地利用的低效率，尤其是对外来农村人口的吸引能力差。

---

　　① 国务院全国 1%人口抽样调查领导小组办公室，国家统计局人口和就业统计司 .2005 年全国 1%人口抽样调查资料[M]. 北京：中国统计出版社，2007：728-812.

表 5-11　　　　浦东新区建成区年末人口密度和人均占地面积

年份	2000	2001	2002	2003	2004	2005	2006	2007	2008
建成区常住人口密度（人/平方千米）									
浦东	23 582	22 502	21 046	16 229	16 223	16 421	15 852	13 392	12 478
上海	28 329	26 006	25 989	24 657	23 499	22 796	22 122	21 973	20 949
建成区户籍人口密度（人/平方千米）									
浦西	21 705	21 610	21 484	21 414	21 402	21 285	21 247	21 265	21 355
浦东	16 184	15 311	14 257	10 907	10 833	10 870	10 421	8 384	7 930
上海	23 284	21 384	21 339	19 336	18 242	17 436	16 671	16 306	15 431
建成区户籍人口人均占地面积（平方米/人）									
浦西	46.1	46.3	46.5	46.7	46.7	47.0	47.1	47.0	46.8
浦东	61.8	65.3	70.1	91.7	92.3	92.0	96.0	119.3	126.1
上海	42.9	46.8	46.9	51.7	54.8	57.4	60.0	61.3	64.8

注：由于无法准确评定浦东新区建成区居住人口，所以暂时假定浦东建成区接纳了全部人口，在放大建成区人口密度后浦东新区在吸收人口方面的低效率依然显著。

　　政府在浦东新区城市建设中不仅投入了大批资金，而且构建了配套的制度安排，主要包括城市土地管理制度、户籍制度和土地财政制度等，形成了一条政府导向下的土地资本密集型城市化道路。由于有浦东新区密集的资本优势和优越的区位优势的依托，浦东新区即使大搞资本密集型和技术密集型的第三产业，吸收农村人口的效果虽不高，却至少不会沦为"鬼城"。不幸的是，浦东经验被全国各地作为中国新时期城市化建设的标志性成就而模仿，各地规划和建设了越来越多的土地资本密集型的城市新区。对缺乏区位优势和历史积淀的绝大部分全国其他城市来说，模仿和复制浦东经验绝对不可能实现浦东新区的成就。可以预期，只要维持现行土地制度和继续推行浦东经验，各种形式的"空城"还会在各地被不断复制出来。

　　（二）深圳经验

　　与之相对应，深圳是中国第一个经济特区，迅速崛起为一座举世瞩目的现代化大城市。从城市化角度看，深圳成功的可贵之处不在于其高楼大厦和现代化的基础设施，而在于其能够在有限的土地空间上不断吸收资本、技术和人力资源，高效地发挥城市集聚效应。从 1979 年至2014 年年末，深圳常住人口从 30 万左右增长到了 1 078 万，其中户籍人口 332.21 万人，占常住人口的 30.8%；非户籍人口 745.68 万人，占比为 69.2%，[①]体现了强大的对外地人口的吸纳能力。相比之下，国内很多城市在 30 多年发展中尽管投入大量资本，却只见高楼林立，显得毫无人气，"鬼城"一个又一个地出现。在传统计划经济下，城市化是在地方政府主导下进行的，地方政府征收农民土地需要完成农民在城乡间的身份转换，包括对征地农民的"农转非"，安排非农就业、提供都市住宅等。这个传统城市化制度是二元体制的产物，在发挥城市集聚效应方面是低效率的，改革开放前中国城市化进度缓慢就是最好的例证。

深圳成功的城市化离不开其"勇于变革，勇于创新，永不僵化，永不停滞"的精神，离不开其在土地制度和户籍制度上的"大胆探索，先行先试"。建立特区之初，深圳在向特区内原住民征地时不再实行户籍上的"农转非"，取而代之的是允许农民在宅基地上建立三层楼房。在1992 年和 2003 年深圳两次大规模扩展中，农民虽然被集体转换为非农户口，不过也没有被安排非农就业，取而代之的是获得一定面积的宅基地。这种宅基地补偿法只是延续了 20 世纪 80 年代允许农民建三层楼房的思路，具有制度上的一贯性。

宅基地补偿法的制定和实行，事实上表明地方政府以承认农民宅基地的土地权益换取农民同意对土地的征收，突破了传统土地制度的局限，对深圳城市化进程产生根本性的影响。首先，有利于地方政府在财力有限的情况下取得城市建设用地，对于深圳快速的城市扩张极为重要。其次，宅基地补偿法承认农民对宅基地的权益，使得农民可以分享城市化中的土地增值收益，避免了现在各地"被上楼"的农民重新返贫，农民城市化扭曲为城市贫民化等问题，也降低了土地征收中的社会冲突。最后，给予了农民凭借自己的土地要素参与城市化住房建设的机

---

① 深圳市统计局. 深圳市 2014 年国民经济和社会发展统计公报[N]. 深圳商报，2015-04-22（7）.

会，很大程度上满足了深圳城市发展中的低收入者的住房需求。

最后一点对于降低深圳的城市化成本极为重要。在过去 30 多年各地的城市化过程中，包括大量农民工的非户籍常住人口并没有得到政府提供的住房福利，因而在房价高涨的过程中他们难以实现安居。取得宅基地的深圳农民吸收社会资本，大量建造房屋，为几百万低收入者提供了低廉的安居之所，成为事实上的"廉租房"。正是这种便宜的住房支出，外来人口进入深圳的成本降低了，大量人口得以集聚，而深圳也得益于城市集聚效应，经济快速发展。

然而，这些新造的房屋在现有土地制度下是不合法的，不能获得国家产权保护，被称为"城中村"和"小产权房"。回顾这个历程后，我们就不难发现，"城中村"和"小产权房"是深圳改革创新的结果，是建立在对农民土地产权尊重的基础上的，突破了国家对城市用地的高度垄断，以及必然带来的房价飙升，满足中低收入阶层的居住需求。这是深圳经验中十分宝贵的一面。

当然，新事物的出现肯定有需要不断完善的地方。深圳模式仅仅在对当前土地制度的一部分缺陷作了纠正而已，还不能做到城市化和城市现代化的完全和谐，仍有待改进。首先，深圳模式仅仅停留于对农民宅基地的某种尊重，大量的城市用地还是采用传统的土地征收制度，从农民那里低价获得，并没有真正尊重农民的全部土地权益。其次，原住农民可坐享租金，土地涨价完全归私，导致对于城市发展中土地增值收益缺乏合理的分配机制，急需纠正，有必要尽快引入地价税和房产税等制度。最后，"城中村"的治安、防火防盗、配套设施一直比较落后，出现了"握手楼"、"贴面楼"，需要强化必要的城市规划，可以参考世界各国旧城改造和贫民窟改造经验，有步骤地改造违章建筑，切忌一切推倒重建。

四、再回首"老浦西"模式：市场导向的城市化需要土地市场化

回顾浦东经验和深圳经验，再回顾"老浦西"模式，不难发现，纠正中国城市化扭曲问题的关键在于选择正确的城市化道路。"老浦西"

市场主导型的城市化道路能够大量吸收外地人口，特别是外地农村人口，不仅符合城市化的真谛，而且特别符合人多地少、农村人口庞大的国情。这种模式是循序渐进的，尊重经济发展的阶段性和社会进步的多样性。浦东经验过于倚重政府的调节作用，可以在短期内取得大幅经济增长，但是长期经济增长并不乐观，更不能吸收农村人口，对中国城市化率贡献小。深圳经验的可贵之处就在于尊重外来人员的权益，也保护当地农民的土地权益，先试先行，敢于创新。其他地方也有一些有价值的探索，不过也有很多扭曲之处。比如重庆模式下的地票本来是有价值的探索，不过可能异化为一种价格人为扭曲的"赌局"（文贯中，2014）。坚持市场导向型城市化方向是必然之选，也是符合全面深化改革实践方向的，让市场在城市化中发挥资源配置的决定性作用。

市场导向城市化必然要求土地要素的市场化配置。近代上海是以土地私有、明晰土地产权和土地市场成熟为基础的，深圳为农地在市场导向下向城市用地转换打开一个缺口。成功的城市化需要保证人口、土地等要素的自由流动，实现市场在资源配置中的主导地位。对于摸着石头过河式的中国改革必须要注意总结前进中的经验教训。今日对城市化历程的反思，我们不应再盲目地引入不切实际的外来经验，因为中国的人口规模和"三农"问题的复杂性绝不是中国香港、新加坡、欧美等国家和地区所具备的，那么以"老浦西"模式和深圳经验为代表的本土经验就极其重要。

对于当代而言，实行土地市场化尤其需要注意下面四点。首先，将人口城市化与土地城市化分离开来，让农民可以自由地进入城市，而城市居民可以自由地回到农村。其次，实现土地的资产职能。让农民可以出租、典押、出售土地，取得融资，从而进入城市发展。再次，规范土地流转机制，实现土地增值收益的合理分配，避免城市贫民问题。最后，构建土地市场扶持机制，实现土地市场的健康发展。

总之，中国城市化需要从国情出发，彻底改革土地制度，让市场配置土地资源，真正走向市场导向型的城镇化道路。

第六章　城镇化下土地市场化改革逻辑

城镇化下的土地市场化改革是一个系统工程。首先，要求解放思想，重新认识和反思农耕文明下"耕者有其田"的思想，构建城市化下的土地市场理念。其次，正确处理城市化中国土地制度改革涉及的各种关系，要求重视城市贫民问题，坚持法治原则，按照市场主导和政府辅助方式有序开展。再次，明确当前土地制度改革是公平与效率的统一，不是历史的重复，而是符合现代化需求的。最后，注意强调改革精神与改革策略。

第一节　"耕者有其田"思想的继承与反思

解放思想，实事求是，是指导中国社会经济改革的重要方法。土地市场化改革的前提是土地产权制度改革。土地市场化改革和土地产权制度改革都离不开解放思想，"必须破除关于产权的意识形态的规定性，用技术性思维理解产权改革的意义"（党国英，2014）。中国当代土地制度改革有一个根本的思想基础就是"耕者有其田"。无论孙中山"平均地权"，还是20世纪中叶中国共产党领导的土地改革，乃至于改革开放后的家庭联产承包责任制，都基本秉承了这个思想。目前，我国正处于城镇化加速发展的阶段，土地思想理念的解放不仅影响了当前我国农村经济的发展，还影响了城镇化的发展。这就要求我们在土地市场化制度改革中必须解放思想。如果不解放思想，那么改革就将很难推进。不能狭隘地理解"耕者有其田"，或者简单套用农耕时代"耕者有其田"的理念，否则不仅会束缚改革的步伐，还将改革引向歧途。所以，土地市场化的制度改革首先应该解放思想。

一、"耕者有其田"的思想回顾与发展

"耕者有其田"是中国传统的地权思想，是中国历史上两条地权思想交汇的结晶。第一条历史线索是"自上而下"的土地改革思想，包括了西汉限田、王莽"王田"、西晋占田制、唐代均田制、抑制兼并以及一直争论的井田制等。对农民土地权利的保护是历代知识分子提倡的。第二条线索是"自下而上"的土地革命思想，包括了从唐代"均贫富"、明末"均田、免粮"到太平天国"凡天下田，天下人同耕"不断强化的自下而上的土地再分配动机。这两条思想交汇便形成了"耕者有其田"的思想结晶，加强了对农民土地权利的维护，也影响了中国传统社会制度的变迁。面对近代中国积贫积弱的情况，孙中山将"耕者有其田"思想进一步总结提升为拯救危亡和改造社会的出路，认为"将来民生主义真是达到目的，农民问题真是完全解决，是要'耕者有其田'，那才算是我们对于农民问题的最终结果"。[①]这就事实上构建了"耕者有其田—土地问题—救亡复兴"的逻辑链条，奠定了中国土地制度改革的思想基础。如果要拯救危亡、实现复兴，就必须解决中国农民问题，而解决农民问题就必须把握土地问题。遗憾的是，孙中山还来不及推行土地制度的变革就逝世了。国民党政府虽然坚持"平均地权"主张，颁布《佃农保护法》，规定"佃农缴纳租项不得超过所租地收获量百分之四十"，"佃农对于地主除缴纳租项外，所有额外苛例一概取消"[②]，之后系统政策包括了"二五减租"、地价税、土地村公有、扶持自耕农等，都是有一定成效的。然而，无论是地价税制度还是"二五减租"，都回

---

① 孙中山. 孙中山全集：第 9 卷 [M]. 北京：中华书局，1986：399.
② 于建嵘. 中国农民问题研究资料汇编：第 1 卷下册[M]. 北京：中国农业出版社，2007：526.

避了以土地产权为核心的变革，而土地村公有和扶持自耕农等都绩效缓慢，浅尝辄止，背离了"耕者有其田"的理念。

中国共产党继承和发展了"耕者有其田"理念，始终抓住土地问题的根本性。毛泽东同志指出中国革命的首要问题是农民问题，革命的根本问题是土地问题，"土地制度的改革，是中国新民主主义革命的主要内容"。①中共共产党很早就有土地问题决议，开展了多阶段的土地产权制度改革。1927 年 8 月 7 日"八七"会议就决定没收大地主及中地主的土地，分这些土地给佃农及无地的农民。1927 年 11 月《中国共产党土地问题党纲草案》再次提出没收一切土地和土地国有的决定，使用权归农民。1930 年《苏维埃土地法》提出"没收一切私人的或团体的——豪绅、地主、祠堂、庙宇、会社、富农——田地、山林、池塘、房屋，归苏维埃政府公有，分配给无地、少地的农民及其他需要的贫民使用"②。在抗战时期中国共产党提出"地主减租减息，农民交租交息"的政策，降低农民农业经营成本，团结一切可团结的力量参加抗日战争。1946 年，《中共中央关于土地问题的指示》提倡在地主自愿转让或有偿转让的基础上实现土地所有权向农民的转移。该指示尝试推行土地征购制度，"除敌伪大汉奸的土地及霸占土地与黑地外，对一般地主土地不采取没收办法。拟根据孙中山照价收买的精神，采取适当办法解决之"③，即通过对地主土地赎买的方式和平解决农民土地问题，并在习仲勋领导的陕甘宁革命根据地试点成功（彭厚文，2010）。这与民主党派发行土地公债和征购地主土地的方式是一致的。

然后，人民群众对土地产权有着更加急切的需求，渐进的"耕者有其田"路径难以满足人民群众的需求。于是，1947 年，中国共产党出台《中国土地法大纲》，提出"废除封建性及半封建性剥削的土地制度，实行耕者有其田的土地制度"，使解放区一亿多无地和少地的农民分到了土地。1950 年，《中华人民共和国土地改革法》出台，规定实行农民阶级的土地所有制，保存富农经济，从政治上中立富农，从而彻底

① 毛泽东.毛泽东选集：第 4 卷[M].北京：人民出版社，1991：1313-1314.
② 于建嵘.中国农民问题研究资料汇编：第 1 卷下册[M].北京：中国农业出版社，2007：580.
③ 中央档案馆.解放战争时期土地改革文件选编（一九四五——一九四九年）[M].北京：中共中央党校出版社，1981：19.

废除了封建剥削的土地制度，让大部分中国农民都拥有了土地，实现了中国最广大农民在土地产权上的平均，圆了几千年"耕者有其田"的梦。

二、人民公社与"耕者有其田"思想的转变

1958 年人民公社化后，"耕者有其田"思想发生了三个转变。一是农民想离开农业谋发展是很困难的，始终离不开土地，被束缚于土地之上。二是农民不从事农业就不能有土地。所谓"耕者有其田"不仅包括古代追求的"耕者有其私田"，还包括了"不耕者不得有田"，"有田者必须耕之，做农民"。三是城市土地不在"耕者有其田"的范围内。"耕者有其田"思想的转变对我国当前土地制度产生了很大的影响，值得深思。

第一，"有田者必须耕之，做农民。"在人民公社时期，农民被束缚在土地上，不被允许私自进入城市工作，或者到其他地方发展，只能靠耕种集体土地或那块他分得的土地来满足全家的衣食需求。农民缺乏流动的自由以及从事非农劳动的自由。改革开放后，政策放开，农民开始进入城市打工，补贴家用，成为"盲流"或农民工。然而经过 10 多年制度变迁，农民工才具有了从农村到城市自由流动的合法性。虽然农民工本身就是制度改革不彻底的过渡性产物，是非正常的，但这却已经是一种帕累托改进。"耕者有其田"不应该是将农民束缚于土地上的；否则，只会导致农民降低对土地本身的热爱程度、土地产权意识及生产的积极性，因为他们不想由于拥有土地而被世代束缚于农村。"耕者有其田"思想的变革应该是让愿意耕种的农民有田地，不愿意耕种的农民可以自由进入城市工作或定居。

第二，"不耕者不得有田"。不从事农业生产的人是不能拥有土地的。孙中山也曾说"不躬耕者，无得有露田"，"夫不稼者，不得有尺寸耕土"。[①]这本质上是保护农民土地产权不受到城市资本的威胁，要求不到一定年龄的农村居民没有资格取得农村土地承包经营权。当然在当前

---

① 孙中山．孙中山全集：第 9 卷[M]．北京：中华书局，1986：399．

家庭联产承包责任制下，村集体有土地调整的权力。不过，中国共产党十八届三中全会《中共中央关于全面深化改革若干重大问题的决定》明确规定"稳定农村土地承包关系并保持长久不变"。随着土地承包经营权长期不变，很少有农民再次分到土地。"不耕者不得有田"思想在城镇化下就彰显出局限性。从户籍上讲，在农村向城市的户籍转变过程中，农民要做城市人必须放弃自己的耕地。在计划经济时期，很多人是愿意从农村进入城市的，因为在城市除了有基本的生活保障，如粮食供应、养老保险等，还有更多机会取得更多收入。但是，现在城市土地价格过高，又缺少完善的社会保障体系，使许多农民工进入城市后，不能和城市人一样享受各种社会保障，更无法满足那些刚进入城市的农民工的买房需求。一旦失业，农民工将没有任何收入来源。即便如此，他们仍不愿意回到农村从事农业生产，但很愿意保留在农村的土地。因为城市只是工作的平台，却没有给他们任何社会生活保障。还有农民工子女教育问题，也需要将户口转入城市。但是当前的制度造成了两难，有的家庭只有采取夫妻分属于农村户口和城市户口的方式，才能既保留农村土地，也能让孩子进入城市学习。孩子的户口也徘徊于城市与农村之间。这就造成了农民进入城市是"有去无回"。客观上，农民进入城市的道路不都是一帆风顺的。如果市民化失败的农民进入不了城市，也回不了农村，那么不仅对于他们个人是极大的苦难，对于社会也是莫大的矛盾隐患。

第三，"非耕田为国有"。非耕田主要是指城市土地。如今城市化发展迅速，城市土地需求日益增大，但是城市土地问题不包括在传统的"耕者有其田"思想内，于是"非耕田归谁所有"就无传统思想可依了。在"一大二公"的时代，政府将城市土地全部国有化。值得探讨的是，城市土地都是由耕地转变而来的，那么在耕地转变为非耕地的过程中，土地增值收益归谁所有呢？耕地的增值收益归农民所有，非耕地的增值收益归政府所有，若是进行市场交易，增值收益将在二者间分割。而现在的制度下，利益分割没有标准，要么主要为农民所有，农民日日盼拆迁；要么主要为地方政府所有，农民失地困苦。因此，在道德规范无法实现的情况下，市场是最佳的调节手段，土地供求通过市场调节自然会在利益上实现一个均衡点。

在人民公社"耕者有其田"思想扭曲制度的框架下，农民被牢牢地束缚在土地上，土地要素和人口要素都不能随着市场在城市与农村、工业与农业部门之间自由流通。所以，邓小平指出，"人民公社'一大二公'的特点与我国农村目前很低的生产水平不相适应"。①农村土地集体所有在人民公社时期使农民失去了维护自己权利的财产基础（于建嵘、陈志武，2008）。所以，人民公社下的这种"耕者有其田"口号已经不能适应今日中国，尤其是在土地规模经营和快速城市化进程的情况下。明晰土地权益，不再务虚地谈"公有"和"耕者有其田"，应该彻底反思人民公社化运动对"耕者有其田"的背离，然后回归到"耕者有其田"的本义，在此基础上探索城镇化下的土地制度。事实上，历史已经证明，利用市场调节土地流转及其利益分割是迄今为止最有效的方式。

三、回归"耕者有其田"的思想本义

"耕者有其田"思想应该与时俱进，不能成为维护人民公社土地制度残余的保护伞。本书作者将回归其本义，穿透历史迷雾，解析在城镇化背景下的土地改革思想。

第一，土地发展权与市场机制。"耕者有其田"仅仅实现了起点公平，解决生存问题，而中国的土地制度还需要解决发展问题，即提高社会生产力，通过发展实现民众富裕和国家富强。所以，中国土地制度的改革将继续前进，无论土地分散还是集中都应当按照经济发展规律调节。人为地限制土地流动必然是低效率的。"耕者有其田"并不否认土地流动性，《中华人民共和国土地改革法》明文规定"发给土地所有证，并承认一切土地所有者自由经营、买卖及出租其土地的权利"②。因此，农村土地流转与"耕者有其田"并不矛盾。同时，中国共产党十八届三中全会提倡发展"家庭农场"和"集体建设性用地"，事实上就是强调了土地规模经营的价值，承认了土地的流动性，让农村土地通过流转提高土地利用效率，取得发展。如果农民拥有"自由经营、买卖及

---

① 邓小平.邓小平文选：第3卷[M].北京：人民出版社，2008：909.
② 于建嵘.中国农民问题研究资料汇编：第2卷上册[M].北京：中国农业出版社，2007：1045.

出租其土地的权利",那么土地流转就是靠市场机制运行。所以,"耕者有其田"并不排斥市场,而人民公社化运动是对市场的排挤,恰恰违背了"耕者有其田"的本义。中国共产党十八届三中全会后,中国农民不仅取得了土地出租、抵押等土地流转权利,还取得了土地承包经营权的流转权利。这种权利符合"耕者有其田"的本质,是一种回归。

第二,土地产权。孙中山"耕者有其田"思想的产权基础是土地私有产权。20 世纪中叶中国共产党领导土地改革后,农民拥有土地的产权,并取得政府颁发的土地所有证。1929 年毛泽东就指出了《井冈山土地法》中"土地所有权属政府而不是属农民,农民只有使用权"[①]的原则错误,提出土地改革后"得田的人,即由他管所分得的田,这田由他私有,别人不得侵犯……田中出产,除交土地税于政府外,均归农民所有"。[②]1954 年《中华人民共和国宪法》以国家根本大法的方式规定了"耕者有其田"的产权基础是土地私有制,规定"国家依照法律保护农民的土地所有权和其他生产资料所有权",甚至于这种土地私有制具有对公有土地的排他性,因为它不仅没收地主的土地、耕畜、农具、多余的粮食及地主在农村中多余的房屋,也"征收祠堂、庙宇、寺院、教学、学校和团体在农村中的土地及其他公地"[③],消除了除国有外的主要公有制形式。在存在土地私有制度的国家,大多数土地依然是政府所拥有的公有土地。在私有制度最完备的美国,个人和企业法人所有土地只不过占国土面积的 58%,其余都由各级政府直接所有。所以,加拿大私有土地不到国土总面积的 11%,新加坡私有土地只占国土总面积的 20%。土地私有化事实上是土地多元化。反之亦然,多元化的土地产权正是"耕者有其田"的真实本义,尤其是保证农民对土地绝对的经营自由。人民公社体系下,农民不仅没有土地的所有权、占有权,也没有耕种的自由,出现了巨大的灾难和长期的农业低效率。恢复和强化农民对土地支配的自由是符合"耕者有其田"宗旨的,这就包括了出租、抵押,乃至典当、买卖等经营自由。

---

① 毛泽东. 毛泽东农村调查文集[M]. 北京:人民出版社,1982:37.
② 毛泽东. 毛泽东文集:第 1 卷[M]. 北京:人民出版社,1993:256.
③ 于建嵘. 中国农民问题研究资料汇编:第 2 卷上册[M]. 北京:中国农业出版社,2007:1041.

第三，农业用地与非农业用地。"耕者有其田"是面向农业部门的，与农业人口相对应。《中华人民共和国土地改革法》规定农村中的手工业工人、小贩、自由职业者及其家属的"职业收入足以经常维持其家庭生活者，得不分给"①，于是农业生产、农村生活和农民职业开始绑定在了一起，导致了非农业人口难以取得土地，也限制了农民进城就业。这种形式的"耕者有其田"不仅包括古代追求的"耕者必须有其耕田"，还包括了"不耕者不得有耕田"，"有耕田者只能做农民"，严重限制了非农业人口取得土地的自由以及农民非农就业的自由。这显然不符合城镇化下城乡要素双向流动的要求。"耕者有其田"不应排斥想要耕种的非农人员取得土地的自由。这种逆城市化的农地需求是城市化下必然出现的结果，必须通过土地制度改革予以纠正。

第四，城市土地问题。"耕者有其田"是农业社会形成的思想观念，而城市土地不在"耕者有其田"概念内。1949年后，城市土地并没有平均分配，只是局部收归国有，甚至城市郊区的土地改革也不在"耕者有其田"范围内，因为"本法适用于一般农村，不适用于大城市的郊区"②。显然这种制度安排与"耕者有其田"的理念是背离了的。"耕者有其田"应该实现全部生产要素的平均占有，这个原则是可以超越农业的。所以，城市土地等生产要素的均衡将是土地制度改革的重点。这就要求构建恰当的土地财税制度。

来源于传统农业社会的"耕者有其田"思想，需要随着以城市化、工业化、全球化为代表的社会经济变迁而不断挖掘新内涵，深化中国土地制度改革，而不是沾沾自喜地空谈公有和"耕者有其田"。不合时宜的经济思想极大阻碍了中国的土地制度改革。

第二节　城市化中土地市场化的几种关系

城市化中土地市场化是一个多要素流通、多主体参与的复杂过程，

---

① 于建嵘.中国农民问题研究资料汇编：第2卷上册[M].北京：中国农业出版社，2007：1043.
② 于建嵘.中国农民问题研究资料汇编：第2卷上册[M].北京：中国农业出版社，2007：1046.

其中有一系列关系需要处理。在此主要介绍一下城市贫民问题、地方政府与市场关系、经济发展与法治文明三组关系。

一、城市贫民问题

城市贫民问题事实上涉及城市人口结构中不同收入人群的关系问题。很长时间以来，人们将贫民窟理解为犯罪、穷困的温床，印度和南美的贫民窟常常作为不成功城市化的案例，视贫民窟为洪水猛兽。世界银行发布的《2009 年世界发展报告》代表了对贫民窟态度的 180 度大转弯，城市贫民聚居的贫民窟被作为发展中国家城市化过程的一个必然阶段而接受（Coulibaly 等，2009）。原因是尽管几十年来世界银行投入大量资源在人口稀少的边远农村扶贫，但当地民众仍然选择来到城市贫民窟发展。这个事实使得学界开始尝试理解贫民窟长期存在的经济学理由，将其作为发展中国家城市化过程的一个必然阶段而接受，同时探讨积极改进贫民窟的公共服务和帮助贫民窟居民融入城市的措施。如前面所述，城市贫民化是不可避免的趋势。缺乏人力资本、资产、技术的农村居民进入城市只能从社会底层打拼，必然成为城市贫民。城市化最重要的目标不是让农民立即与城市居民一样富裕，而是让农民能够享受与城市居民同等的发展机会，分享现代化的成果。贫民窟作为联结城市和农村的一个环节，是低收入阶层，特别是边远农村人口分享城市的集聚效应的平台。因为它提供了低成本的生活和低资本技术要求的就业机会。

在任何一个国家的城市化过程中，贫民窟都是难以避免的发展阶段。所以，政府不可能通过行政禁止的方式消除贫民窟的存在，因为高楼大厦中的群租、"城中村"、地下室、工棚就是变形的"贫民窟"。联合国人居署的统计实际上是把中国农民工的居住条件列入"贫民窟"的范畴，如据其 2005 年公布的数据，中国"贫民窟"人口占城市人口的比重达 32.8%，甚至还高于拉美的巴西、阿根廷等国的水平（华生，2014）。同时，地方政府不能不负责任地限制农民工进入城市或拟出一些超出其经济发展水平和国情的城市规划，也不应该采取暴力拆除的方式简单处理贫民窟问题，因为这只会导致大量居民无处可居，生活只会更悲惨，更会剥夺许多农民通过贫民窟低成本地融入城市的机会。"硬性回避城市化过程中的贫民窟，也会使中国陷入中国式的拉美陷阱：城市的繁荣与农村的凋敝"（陈友华，2010）。近代上海贫民窟居民创造了近代上海的繁荣，也成为当代上海人的中坚力量，打造了上海现代国际大都市的繁华。

贫民窟的陷阱不在于城市贫民的聚居，而在于贫民窟内的居民是否具有足够的发展空间，贫民窟能否与其他城市区域紧密联系，保持高的社会流动性。如果具有高社会流动性，那么贫民窟就不是城市的"毒瘤"；否则，就是陷阱。所以，地方政府需要做的应该是积极改进贫民窟的公共服务和基础设施建设，提供城市贫民和贫民窟居民的教育、卫生医疗、司法等基本保障，帮助贫民窟居民融入城市，而不是因噎废食、讳疾忌医。显然，如果没有当年的贫民窟，很难设想会有后来的繁华上海、纽约等现代大都市。但是，如果城市只能进、不能出，降低了社会流动性，那么只会陷入城市贫民化陷阱。

要敢于承认并正视贫民窟的必然性，将其作为没有技术和资本的农民进入城市的一个过渡平台。限制农民进入城市，美其名曰防止农民进入贫民窟受苦，事实上限制了农民的发展。"授人以鱼不如授人以渔。"农村居民在意的不是一个时期内有没有"鱼"，而在于取得发展的权利。宛如猎人为了取得最好的猎物，愿意忍受寂寞与寒冬；农民为了取得收获，愿意忍受起早贪黑的农忙。如果限制农民进入贫民窟，就限制了农民进入城市，那么享受城市现代化繁荣的是原有的城市居民，没有人气的城市最终会成为一个个"鬼城"，失去其经济发展生命力。相比于中国农村的"留守儿童"，贫民窟的孩子更能适应城市生活，积累现代文明需要的人力资本，也拥有更大的城市发展空间。留守儿童很可能得不到良好教育而成为新一代农民工。留守一代涉及的家庭分离引致的社会文化问题是难以弥补的。

二、地方政府与市场的关系

市场机制是迄今为止人类寻找到的解决资源配置的最好方式之一。尤其是城市化过程中，人口、资本、土地等多种要素跨区域流动和配置，涉及大量信息收集和处理。通过市场价格信号，市场可以调剂各区域要素供求，防止结构长期失衡。完善要素市场是保证要素平等自由流动的权利和要素所有权多元化的关键。土地市场化从根本上说就是发挥市场价格信号来配置土地要素的全区域流动。为了允许土地自由流动和城市土地供给的多元化，必须改革现行土地制度。所谓让土地自由流动，不但意味着要让土地在农业中自由流动，同时也在一切行业之间特别是农业和非农业之间自由流动。相应的，当前的征地制度导致了政府对土地一级市场的垄断，不利于土地市场化进程。应该限制政府征地范围为公益性征收，其他土地市场流转则由居民之间或开发商和居民之间自行议价，允许居民在符合城市区划的前提下自由向土地市场提供土地。甚至可以参加城市住房建设，既尊重居民的土地利益，又保障城市住房需求的多样化，解决农村人口进城定居所面临的住房问题。同时，对现有符合城市规划的"小产权房"尽快采取补缴土地出让金以及土地财产税等方式加以合法化。

必要的政府规划是市场的必要辅助机制。在正确处理地方政府与市场关系的前提下，应明确市场在土地资源配置中的决定性作用。政府的规划和用途管制只是为了弥补市场的缺陷或矫正市场失灵，而规划和用途管制也要尊重市场规律（蔡继明、王成伟，2014）。在外部性、公共品等多种情况下，市场都可能面临失灵的危机，那么政府规划就成为必需的。比如"握手楼"、"贴面楼"、"一线天"等"城中村"和"小产权房"严重违反城市规划，不具备消防通道和卫生处理设施，严重影响居民生活环境，并带有极大安全隐患。这类建筑明显妨碍公共利益，理当得到政府强制改造。不过需要再次强调的是，政府规划和土地管理不能蜕变成对居民土地产权的剥夺，将土地用途管制和土地所有权征收相混淆。政府规划应该是市场的补充机制，不能取代市场的根本性作用。只有通过市场，才能充分合理地配置要素，才能保证城市化率的提高和城市现代化过程是一种良性互动的过程，并符合中国的要素禀赋。如果不改革计划经济时期诸多行政性资源配置机制，或者依然保留类似的思想或行事风格，那么土地市场化将是空中楼阁，也必然滞后于中国的城市化步伐。

三、经济发展与法治文明建设

城市化与土地市场建设离不开社会主义法治文明建设。城市化是一个社会政治经济的整体变迁。很多城市化问题难以简单用经济的方法去解决，必然寻求司法和政治等方面制度改革。从过去几百年的历史可以看出，城市化过程中出现了法治取代人治，社会公正代替特权和等级，尊重产权和民间利益，削弱王权和贵族强权。当代中国社会也依然经历着经济发展与法治文明互动的阶段。城市化和土地市场化中，不仅存在伴随大量人口迁徙的地域文化冲突、男女比例等复杂社会问题和保持经济增长、创造就业机会等经济发展问题，而且还存在土地增值收益再分配、社会公共服务分配等"分蛋糕"的问题。这就需要"更好统筹社会力量、平衡社会利益、调节社会关系、规范社会行为"，"实现经济发展、政治清明、文化昌盛、社会公正、生态良好"。社会主义法治文明建设对于当前中国经济改革和发展至关重要。所以，2014年10月中国共产党十八届四中全会通过了《中共中央关于全面推进依法治国若干重大问题的决定》，明确提出"实现立法和改革决策相衔接，做到重大改革于法有据、立法主动适应改革和经济社会发展需要"。只有恰当处理好城市化和土地市场化中的各种利益关系，用法治来规范和约束，才能让改革有依据和保障。

典型的是城市化中土地增值收益分配问题，需要寻求法治的解决方案。很长一段时间里，恶性拆迁事件不仅严重损害了人民群众的利益，还严重影响了地方政府的权威。从经济学的视角看，恶性拆迁是土地财政机制下导致的，即在土地财政激励下地方政府为了攫取大部分土地增值收益，按照较低补偿标准取得土地，而居民反对拆迁，于是爆发恶性冲突。但是，解决恶性拆迁绝不是一个简单的经济问题。也就是说，即使地方政府提高了补偿标准，只可能减少却不能消除农民反对拆迁，因为农民对土地的评价与地方政府是不一样的。根本原因还在于地方政府权力的法律界定，以及土地产权制度的界定。"法律是治国之重器，良法是善治之前提。"很长一段时间里，对最需解决的征收集体所有的土地过程中面临的大量问题迟迟不见法律措施出台，而城市建设和扩张必然需要大量土地。在地方政府权力没有法律约束、土地拆迁缺乏法律规范等情况下，无论补偿标准多高，当地政府都会选择用最便宜的方式去取得土地，占据土地增值收益中最大的一部分。类似案例有很多。从根本上讲，城市化和土地市场化中的一些经济问题背后都是深刻的法治文明建设问题。只有完善法治问题，才能让社会经济改革的成果让更多民众享受；否则，改革将失去方向，城市化和土地市场化中的利益分割失去规则也必然分裂整个社会人群，影响长治久安，可谓贻害无穷。

第三节　基于"耕者有其田"的土地市场

土地市场化改革还面临一些思想误解，有必要回溯土地制度史予以回应，以便消除不必要的忧虑，推动土地市场化改革事业。

一、土地市场化不会威胁社会稳定

土地市场化不一定会导致土地集中，反而有助于真正实现"耕者有其田"。很长时间以来，土地兼并和集中常常被作为历朝历代社会稳定的最大威胁和农民贫苦的原因。事实上，这种观念是值得商榷的。第一，通过市场的土地集中并没有造成对社会稳定的冲击，而是古代中国土地集中兼并充满了非市场行为，即凭借权力参与土地分配。非市场行为的土地兼并才是民怨所指，勤劳致富后买田买地一直都得到人们尊重。第二，市场并不一定导致集中。中国数千年的土地市场中，土地市场越发达，土地细分化越显著，土地分配越来越分散，造就了大量自耕农，支持了"耕者有其田"，构成了社会稳定的基本因素。所以，从历史经验上说，反对土地市场化配置是缺乏依据的。反而是在当前土地公有制度下，由于缺乏市场机制，土地价值无法客观评价，农民不能合理参与土地增值收益分配，数千万的失地农民和 2.7 亿农民工等形成了社会不稳定因素。

二、公平与效率的统一

公平与效率始终是改革需要权衡的对象。中国土地市场化改革也不例外。根据福利经济学第二定理，任何资源都能在完全竞争条件下通过市场机制达到帕累托最优。也就是说，市场效率与分配公平并不是天生矛盾的。只要社会资源的产权分配结构是公平的，那么市场机制就会达到既公平又有效率的竞争均衡。政府所要做的事情是改变个人之间禀赋的初始分配状态，其余的一切都可以由市场来解决。20 世纪 50 年代中国共产党领导的土地改革真正实现了"耕者有其田"，实现了农村土地产权的基本平均。家庭联产承包责任制依然按照人口分包农地，实现了土地承包经营权的平均。这种"耕者有其田"的土地制度构成了"起点公平"。在当前基本公平的土地承包经营权分配基础上，按照市场机制配置土地要素就能形成公平与效率统一的经济均衡。所以，当代中国的土地市场是不同于传统的新的土地市场。中国土地制度市场化改革不是简单的历史重复，而是一个公平与效率兼得的全新要素分配机制，是更高意义上的"耕者有其田"。

三、土地产权多元化

基于土地经营权的土地市场化改革是有历史依据的，是对"耕者有其田"思想的马克思主义经济学创新成果。土地市场化构建的一个核心前提就是产品的多元化，以土地经营权、土地所有权和土地使用权"三权分立"的土地产权构成了市场化改革的前提。允许农民自由退出现行的强制性的土地集体所有制，以使土地产权多元化。发展土地要素市场有必要改革当前的土地所有制度，回到中国共产党和政府在合作化问题上一再重申的自愿原则，实行政府、集体和私人共同参与的多元土地所有制。从春秋战国到 1958 年，中国私有土地产权一直都存在并不断深化[1]，服从市场配置。实现土地要素市场配置的农地制度第四次改革从某种程度上说是重新回归到传统道路，也就是 1949 年后日本、韩国和中国台湾曾走过的道路。

第一，私有土地产权。土地私有观念值得反思，既不是洪水猛兽，也不是简单的救世良方。私有土地产权一般被认为有利于市场配置，不

---

① 赵俪生 . 中国土地制度史[M]. 武汉：武汉大学出版社，2013.

过从更高层次上必须认识到以下两点。首先，在空间范围上，不是全部土地私人所有，而是保证居民拥有土地产权的机会，限制政府和村集体的土地所有权。即使中国允许居民拥有土地，客观上也会有不同的土地所有权形式，有的是国有的，有的是村集体的，有的是私人的。其中，可能是以公有制为主体，甚至演化出家族公有、学田等多种土地公有制形式。所以，土地私有化事实上是土地产权的多元化。其次，在权利上，不是土地完全归个人支配，而是保证居民有参与土地市场的权利，以及居民参与土地投资收益分配的权利。打破不合理的政府干预，政府权力受到有边界的限制，恢复居民参与土地市场行为的权利。

第二，不排除有边界的政府干预。政府依然保有土地发展权以及调控土地市场的权力。当然，这种政府干预行为应该是有边界的。首先，行为方式是市场手段，而不是暴力手段。其次，行为的范围是受到限制的，即宪政和法治范围内。用途管制要过滤的是市场失灵还是非国有土地的入市权。[①]

第三，农地制度改革对资本市场的意义。当前中国农地市场还没有向城市资本开放，农地不能实现其资本职能。这导致当前中国农地价格被严重低估。不过，只要实现了土地产权的多元化，让农民有更多的机会、更大的空间、更多的能力把土地非农用的资本价值发挥出来[②]，则可以扭转这个局面。农地进入金融市场有利于土地的优化配置、提高农地利用效率，农地价格上升也有利于农民携带资本进入城市，加速城镇化。

四、市场机制的缺陷与应对机制

市场机制的局限性在于构建基于家庭承包经营权的土地市场不是一蹴而就的。现从以下几点具体分析：

第一，土地市场培育和价格形成过程。土地市场发展是有一个过程的，土地价格发挥土地要素配置作用也不是一开始就有的。在土地市场还没有发育成熟的情况下，城乡土地价格差可能存在巨大的漏洞。为了

---

① 文贯中.用途管制要过滤的是市场失灵还是非国有土地的入市权[J].学术月刊，2014（8）：5-17.

② 于建嵘，陈志武.把地权还给农民[J].东南学术，2008（1）：12-18.

防止土地价格低估对农民造成利益损失，土地市场应该逐步构建，渐进放开。中国改革开放过程中形成的特区路径、增量改革等改革经验都值得借鉴和坚持。2012 年诺贝尔经济学奖获得者埃尔文·罗斯等开创的市场机制设计领域研究，试图解决市场构建中的各种机制问题（如市场厚度、市场拥塞、市场行为的安全性和简易性等），有助于逐步构建和完善中国土地市场机制。众多关于市场的历史经验或者现行市场机制都可以作为市场设计的参考。然而，鉴于市场细节的异质性和市场环境的演变，相同市场机制在不同类型和不同时期的市场，都可能引致市场低效和市场失灵问题，市场机制设计者需要不断运用机制设计理论等前沿经济理论加以分析和再设计（Kittsteiner & Ockenfels，2006），所以土地市场制度设计绝不存在一劳永逸。

第二，土地再分配机制。一方面，土地具有必需品的性质。土地要素作为社会基本生产要素，对于部分居民依然承担社会保障功能。这在农业社会最为明显。这要求满足一部分居民基本的取得土地的权利。另一方面，土地价值再分配。由于区位优势因素，土地具有垄断地租。土地价格具有差异性。这要求配套相应的土地财税制度，构建土地增值收益的再分配机制，避免孙中山担心的土地增值收益为少部分人占有，"将来大地主必为大资本家"[①]，造成新的贫富差距问题。

需要指出的是，市场的问题应该交由市场解决。市场经济正是在解决各种市场缺陷过程中才逐渐成熟起来的，并不是所有的市场缺陷都需要政府调控和干预才能解决。

《关于引导农村土地经营权有序流转发展农业适度规模经营的意见》提出"实现所有权、承包权、经营权三权分置"，引导土地经营权有序流转，放活土地经营权，以家庭承包经营为基础，推进家庭经营、集体经营、合作经营、企业经营等多种经营方式共同发展。这就有利于构建多种土地产权的土地市场，正确继承和发展"耕者有其田"思想。土地市场化改革探索就应该解放思想，回归"耕者有其田"思想本义，具有"闯"的精神，敢于创新和实践，构建符合现代经济规律和中国国

---

① 孙中山．孙中山文集[M]．北京：团结出版社，1997：341．

情的土地制度。

第四节　土地市场化的改革精神与改革策略

土地制度改革是全面深化改革的重要内容，离不开中国改革和革命的历史经验，应吸取中国百年经济思想改革的精华。《中共中央关于全面深化改革若干重大问题的决定》指出"改革开放的成功实践为全面深化改革提供了重要经验，必须长期坚持"。

第一，改革的精神。改革事业也离不开改革者精神。邓小平说，改革是中国第二次革命，提出"胆子要大一些，敢于试验……看准了的，就大胆地试，大胆地闯"[①]，杀出一条血路。主持广东改革先行一步的习仲勋指出："如不立志改革，没有创新精神，根本无法先走一步，不可能探索道路，也就当不了先驱者和排头兵"，肯定"闯"的精神，"只要对人民有利，对国家有利，我们就干，胆子大一点"（习仲勋，2013）。习仲勋提出的"闯"的精神与邓小平"杀出一条血路"，可谓异曲同工。正如习近平在第十二届全国人民代表大会第二次会议上对上海代表团提出的，自贸区改革应该坚持以制度创新为核心，"大胆闯、大胆试、自主改"（习近平，2014）。这种改革家的精神气概是全面深化改革和土地制度改革都不可或缺的。[②]如果没有顽强坚定的改革者精神，改不改，大改还是小改，怕不怕犯错误，都会影响改革的进程。土地市场化改革必然是牵一发而动全身的，涉及多种利益关系。如果没有足够的改革勇气，那么很难取得成功。这种改革勇气既应中央拥有，更需要部委和各级地方政府具备。

第二，改革的原则。改革实践离不开三个原则：民生原则、走群众路线原则和实事求是原则。首先，保障民生。李克强强调民生优先，始终把改善民生作为工作的出发点和落脚点，扑下身子着力谋发展、抓改革、调结构、惠民生。民生是近代以来孙中山、毛泽东等领导人革命和改革关注的核心问题，也是中国改革开放事业的重要出发点。土地制度

---

① 邓小平.邓小平文选：第3卷[M].北京：人民出版社，2008：372.
② 熊金武.习仲勋经济特区思想研究[J].河北经贸大学学报，2015（2）：112-116.

改革不能损害民众利益，只能改革民众生活。其次，走群众路线。群众路线是中国共产党的根本工作路线。改革开放之初，习仲勋等领导人就强调，"要大力支持下面的创新精神，要尊重广大干部和群众的实践经验"（习仲勋，2013）。邓小平更直接指出："生产关系究竟以什么形式为最好，恐怕要采取这样一种态度，就是哪种形式在哪个地方能够比较容易比较快地恢复和发展农业生产，就采取哪种形式；群众愿意采取哪种形式，就应该采取哪种形式，不合法的使它合法起来。"①只有相信群众、依靠群众、服务群众，才能真正推进中国改革进步。土地制度改革关系千家万户，更是需要尊重群众的创造力，严格走群众路线。最后，实事求是原则。实事求是，一切从实际出发，是毛泽东思想的精髓，也是中国共产党经济思想路线的核心内容。正如邓小平指出的，"我们取得的成就，如果有一点经验的话，那就是这几年来重申了毛泽东同志提倡的实事求是的原则"（邓小平，2008）。土地制度改革需要结合地方实际情况，稳步推进，切不可一刀切。

第三，具体改革方案。在中国一百多年的改革历程中，革命领袖和国家领导人大多曾对中国土地制度作出多种具体设计，其依然对当前改革具有直接的借鉴意义，如特区路径、增量改革等。其中，经济特区理论是中国特色社会主义经济理论的主要内容之一，具体是通过在改革特定阶段优先向少数地方政府释放改革权，逐渐推进全国的体制改革。特区改革不仅有利于积累经验、规避风险，还能发挥地方政府的改革积极性和创造力。所以，经济体制改革应该"积极试验"，"先搞试点，而不是一哄而上"（习仲勋，2013）。尤其是对于还没有达成改革共识的内容，可以先行试点。秉承邓小平同志"不搞争论、不搞批判、不搞运动"思想，争取改革时间，减少改革障碍。比如关于城镇化中土地增值收益再分配问题，孙中山按照"涨价归公"和"平均地权"思想，提出了地价税制度，对非产权人付出劳动和投资导致的土地增值收益予以征税，打压土地投机，避免土地增值收益为个别家庭所有，导致贫富悬殊。当前房产税的推行就符合孙中山地价税的精神。总之，我们有待进

---

① 邓小平.邓小平文选：第1卷[M].北京：人民出版社，2008：323.

一步挖掘百年来中国改革思想的精华，使之服务于全面深化改革事业。

第四，改革策略。改革离不开策略。首先，制度变革离不开配套机制。土地管理制度体系由基本的制度环境和建立在基本制度上的治理机制构成，行之有效的土地管理制度需要完整的体系。在明晰土地的所有权基础上，有效管理土地收益权，促使土地使用权高效流通，这样才能提高土地利用的效率。其次，制度变革应统筹兼顾各方利益。经济改革尽可能是一种帕累托改进，不能损害居民的利益。当前土地管理制度的变迁特别是政府推动的强制性变迁过程中，要注意制度的公平性，考虑制度供需各方面的利益，使新制度自然演化成均衡状态，更好地发挥作用。再次，制度变革不是一蹴而就的。特定土地制度的绩效是有边界的。无论是私有土地产权还是集体土地产权，都能在特定历史环境和社会背景下发挥绩效。土地制度就应该因环境而变化，更应该敢于尝试和试错，不断创新和探索，构建符合各方利益和经济规律的土地制度。最后，改革需要把握机遇。市场机制设计的最终采用与否，并非由机制设计者所决定，而是需要经济学家、法学家和政府相互协商、共同决定，所以土地市场机制设计的实践包含一定的非经济因素。土地制度改革也应该抓住改革机遇期。另外，土地制度改革应该在全面深化体制改革中先行一步。中国历次社会经济改革都证明只有成功的、先行的土地制度改革才能取得最广大民众的支持，才可能推进其他社会经济改革事业。

总之，土地制度改革已经成为当代中国最大的社会共识之一，《中共中央关于全面深化改革若干重大问题的决定》符合社会对改革的预期，指明了土地市场化改革的方向。只有实实在在地结合城镇化大趋势，深化土地市场化改革，才能不失民心，求得发展。改革不仅需要勇气，不怕挫折，还需要策略和智慧，作好改革机制设计。这要求择天下英才而用之，借鉴古今中外的历史经验，在市场导向型城镇化道路中探索一套符合中国国情的土地制度。

主要参考文献

[1]COULIBALY etc. World development report 2009: reshaping economic geography[M]. World Bank Publications, 2009.

[2]GORDON R H, LI W. Provincial and local governments in China: fiscal institutions and government behavior[J]. NBER Working Paper Series, 2011 (16694).

[3]LIN Y F. Collectivization and China's agricultural crisis in 1959—1961[J]. Journal of Political Economy, 1990 (6): 1228—1252.

[4]KITTSTEINER T, OCKENFELS A. Market design: a selective review[J]. Zeitschrift für Betriebswirtschaft, 2006 (5): 121—143.

[5]MASKIN E S. Mechanism design: how to implement social goals [J]. The American Economic Review, 2008, 98 (3): 567—576.

[6]ROTH A E. The economist as engineer: game

theory, experimentation, and computation as tools for design economics [J]. Econometrica, 2002, 70 (4): 1341-1378.

[7]ROTH A E. Deferred acceptance algorithms: history, theory, practice, and open questions [J]. International Journal of Game Theory, 2008 (3-4): 537-569.

[8]WEN G J, XIONG J W. The hukou and land tenure systems as two middle income traps[J]. Frontiers of Economics in China, 2014 (3): 438-459.

[9]WEN G J. Total factor productivity change in China's farming sector: 1952-1989 [J]. Economic Development and Cultural Change, 1993, 42 (1): 1-41.

[10]白吉尔.中国资产阶级黄金时代[M].上海:上海人民出版社, 1994.

[11]卜国琴.排污权交易市场机制设计的实验研究[J].中国工业经济, 2010 (3): 118-128.

[12]蔡昉, 杨涛.城乡收入差距的政治经济学[J].中国社会科学, 2000 (4): 11-22.

[13]蔡继明, 等.关于土地制度改革的三点共识[J].科学发展, 2013 (5): 19-23.

[14]蔡继明, 王成伟.市场在土地资源配置中同样要起决定性作用[J].经济纵横, 2014 (7): 23-27.

[15]曹雷.供需均衡视角下的失地农民社会养老保险制度研究[J].湖南社会科学, 2013 (1): 108-111.

[16]曾先峰, 李国平.我国各地区的农业生产率与收敛:1980—2005[J].数量经济技术经济研究, 2008 (5): 81-92.

[17]陈利根, 陈会广.土地征用制度改革与创新[J].中国农村观察, 2003 (6): 40-47.

[18]陈士林.失地农民养老保险制度建设中的政府职责[J].江苏

大学学报，2010（4）：10-15.

[19]陈卫平.中国农业生产率增长、技术进步与效率变化[J].中国农村观察，2006（1）：18-23.

[20]陈小君.农村集体土地征收的法理反思与制度重构[J].中国法学，2012（2）：33-44.

[21]陈友华.迁徙自由、城市化与贫民窟[J].江苏社会科学，2010（3）：93-96.

[22]陈志武.量化历史研究告诉我们什么？第一期量化历史讲习班综述[M]//陈志武，龙登高，马德斌.量化历史研究：第1辑.杭州：浙江大学出版社，2014：273-290.

[23]陈志武.如果"死财富"变成了"活资本"[N].上海证券报，2007-12-03（B06）.

[24]崔之元.亨利·乔治定理启示土地财政两重性[N].重庆时报，2011-01-28（32）.

[25]党国英.农村产权改革：认知冲突与操作难题[J].学术月刊，2014（8）：18-25.

[26]邓宏图，崔宝敏.制度变迁中的中国农地产权的性质[J].南开经济研究，2007（6）：118-141.

[27]邓小平.邓小平文选：第3卷[M].北京：人民出版社，2008.

[28]杜帼男，蔡继明.城市化测算方法的比较与选择[J].当代经济研究，2013（10）：31-40.

[29]杜雪君，黄忠华，吴次芳.中国土地财政与经济增长：基于省际面板数据的分析［J］.财贸经济，2009（1）：60-64.

[30]范涛，李婷，李忠.制度进步在中国经济增长中的作用[J].经济评论，2009（5）：5-11.

[31]冯玉军.权力、权利和利益的博弈：我国当前城市房屋拆迁问题的法律与经济分析[J].中国法学，2007（4）：41-46.

[32]甘犁，等.中国家庭金融调查报告2012[M].成都：西南财经大学出版社，2012.

[33]国务院发展研究中心课题组.中国失地农民权益保护及若干政策建议[J].改革,2009(5):5-16.

[34]韩俊.如何解决失地农民问题[J].科学决策,2005(7):5-11.

[35]韩起澜.苏北人在上海(1850—1980)[M].上海:上海古籍出版社,2004.

[36]贺雪峰.地权的逻辑[M].北京:东方出版社,2013.

[37]侯玮薇.失地农民社会养老保险研究[J].才智,2012(29):279-280.

[38]胡锦涛.加快改革户籍制度促农业转移人口市民化[EB/OL].(2012-11-08)[2015-05-09].http://news.sina.com.cn/c/2012-11-08/104725536891.shtml.

[39]胡元坤.中国农村土地制度变迁的动力机制[D].南京:南京农业大学,2003.

[40]华生.可融入的城市化是成功现代化的密码[N].中国经济导报,2014-01-25(B01).

[41]黄季焜,等.制度变迁与可持续发展[M].上海:格致出版社,2008.

[42]黄少安,孙圣民,宫明波.中国土地产权制度对农业经济增长的影响[J].中国社会科学,2005(3):38-47.

[43]黄义衡,熊金武.中国城市土地流转机制的问题和出路[J].经济经纬,2013(6):130-136.

[44]黄长义,孙楠.土地征收领域腐败的经济学分析[J].管理世界,2013(12):174-175.

[45]黄祖辉,汪晖.非公共利益性质的征地行为与土地发展权补偿[J].经济研究,2002(5):66-71.

[46]冀县卿,钱忠好.论我国征地制度改革与农地产权制度重构[J].农业经济问题,2007(12):79-83.

[47]贾彩彦.近代上海土地管理制度思想的西方渊源[J].财经研究,2007(4):120-131.

[48]蒋震,邢军.地方政府"土地财政"是如何产生的[J].宏观经济研究,2011(1):20-24.

[49]金晶,许恒周.失地农民的社会保障与权益保护探析[J].调研世界,2010(7):15-16.

[50]雷震,邢祖礼.农村土地征用中的价格博弈分析[J].财经科学,2006(8):97-103.

[51]李杰.算好土地收益分配这笔账[J].中国经济周刊,2011(8):21.

[52]李静,孟令杰.中国农业生产率的变动与分解分析:1978—2004[J].数量经济技术经济研究,2006(5):11-19.

[53]李克强.协调推进城镇化是实现现代化的重大战略选择[J].行政管理改革,2012(11):4-10.

[54]李乐.国土部急查农地确权"新土改"再临契机[N].中国经营报,2012-12-08.

[55]李明月,史京文.征地区片综合地价补偿制度创新研究[J].宏观经济研究,2010(8):58-61.

[56]李培林.李培林和谐社会十讲[M].北京:中华书局,2009.

[57]李尚蒲,罗必良.我国土地财政规模估算[J].中央财经大学学报,2010(5):12-17.

[58]李涛,叶依广,孙文华.农村集体土地所有权流转的交易成本分析[J].中国农村经济,2004(12):10-15.

[59]李勋来,李国平.农村劳动力转移模型及实证分析[J].财经研究,2005(6):78-85.

[60]李彦芳.征地区片综合地价测算方法与验证标准研究[J].中国土地科学,2007(1):31-35.

[61]李永友,徐楠.个体特征、制度性因素与失地农民市民化[J].管理世界,2011(1):62-70.

[62]梁若冰.财政分权下的晋升激励、部门利益与土地违法[J].经济学(季刊),2009(1):283-306.

[63]廖洪乐.农村集体土地征用中的增值收益分配[J].农业经济

问题（月刊），2007（11）：8-12.

[64]林家有.史学方法论[M].广州：中山大学出版社，2002.

[65]林俊荣.闽中地区S村被拆迁户农民相关想法调查[J].重庆交通学院学报：社会科学版，2006（9）：54-57.

[66]林毅夫.制度、技术与中国农业发展[M].上海：上海三联书店，上海人民出版社，1994.

[67]刘红梅，王克强.中国农村土地对农民多重效用的分布及年龄差异实证研究[J].生产力研究，2006（4）：45-47，50.

[68]刘守英，蒋省三.土地融资与财政和金融风险[J].中国土地科学，2005（5）：3-9.

[69]刘守英.重温土地"涨价归公论"[J].中国改革，2011（3）：81-84.

[70]刘扬.招拍挂制度对城市房地产市场垄断趋势的影响[J].福建论坛，2010（3）：47-50.

[71]刘勇.涨价归公的理论依据与政策评析——兼论我国土地增值税政策执行中的问题与对策[J].当代财经，2003（2）：24-27.

[72]龙登高，林展，彭波.典与清代地权交易体系[J].中国社会科学，2013（5）：125-141.

[73]龙登高，彭波.近世佃农的经营性质与收益比较[J].经济研究，2010（1）：138-147.

[74]卢海元.以被征地农民为突破口建立城乡统一的国民社会养老保障制度[J].中国劳动，2007（1）：19-21.

[75]卢洪友，袁光平，陈思霞，等.土地财政根源："竞争冲动"还是"无奈之举"？[J].经济社会体制比较，2011（1）：88-98.

[76]陆安，骆正清.失地农民养老保险的基本精算模型及应用[J].统计与决策，2008（3）：52-54.

[77]骆骋，夏洪胜.土地征用中"钉子户现象"的经济学分析[J].商业时代，2008（10）：9-10.

[78]吕萍，刘新平，龙双双.征地区片综合地价确定方法实证研究[J].中国土地科学，2005（6）：30-35.

[79]麦迪森.世界经济千年史[M].伍晓鹰,许宪春,叶燕斐,等.北京:北京大学出版社,2004.

[80]苗天青.我国城市土地出让的寻租与博弈分析 [J].商业研究,2004(11):48-71.

[81]聂海峰.高考录取机制的博弈分析[J].经济学季刊,2007(3):899-916.

[82]彭厚文.论解放战争初期中国共产党有偿赎买地主土地的政策[J].信阳师范学院学报:哲学社会科学版,2010(3):148-152.

[83]钱忠好,马凯.我国城乡非农建设用地市场——垄断、分割与整合 [J].管理世界,2007(6):38-44.

[84]钱忠好.土地征用:均衡与非均衡——对现行中国土地征用制度的经济分析[J].管理世界,2004(12):50-59.

[85]清华大学中国经济社会数据中心.数据中心公布清华大学城镇化调查初步成果[EB/OL].[2015-05-09].http://www.chinadatacenter.tsinghua.edu.cn/news.php?id=309.

[86]全国妇联课题组.我国农村留守儿童、城乡流动儿童状况研究报告 [EB/OL].(2013-05-10)[2015-05-09].http://acwf.people.com.cn/n/2013/0510/c99013-21437965.html.

[87]全炯振.中国农业全要素生产率增长的实证分析:1978—2007年 [J].中国农村经济,2009(9):36-47.

[88]任浩,郝晋珉.剪刀差对农地价格的影响 [J].中国土地科学,2003(3):38-43.

[89]芮明杰,詹文静.土地出让制度改革对房地产上市公司的绩效影响 [J].房地产开发,2008(4):53-56.

[90]上海市房屋土地资源管理局.关于对本市征地土地补偿费标准调整的说明 [EB/OL].(2009-09-16)[2015-05-09].http://shgtj.7su.com/zh_CN/website/39336_content_detail_14601.html.

[91]沈飞,朱道林,毕继业.政府制度性寻租实证研究——以中国土地征用制度为例[J].中国土地科学,2004(4):3-8.

[92]沈关宝，王慧博.解读"失地农民问题"[J].江西社会科学，2008（1）：186-192.

[93]盛济川，施国庆，梁爽.农地产权制度对农业经济增长的贡献[J].经济学动态，2010（8）：86-90.

[94]史梅定.上海租界志[M].上海：上海社会科学院出版社，2001.

[95]史先锋，曾贤贵.我国城市化进程中失地农民养老保险问题研究[J].经济纵横，2007（2）：25-27.

[96]宋明岷.论我国失地农民社会养老保险制度的差异性[J].农村经济，2010（7）：91-94.

[97]宋明岷.失地农民养老保险发展模式设计——福利诱导型储蓄积累模式[J].福建师范大学学报：哲学社会科学版，2009（3）：74-77.

[98]宋全成.中国城市化进程中的失地农民问题及对策[J].社会科学辑刊，2009（2）：43-48.

[99]孙铁翔，等.2012年全国非农业户口人口所占比重达35.29%[EB/OL].（2013-03-06）[2015-05-09].http：//news.xinhuanet.com/2013lh/2013-03/06/c_114917440.htm.

[100]唐旭.基于有效需求角度分析以房养老的困境[J].企业导报，2011（20）：17-18.

[101]陶然，徐志刚.城市化、农地制度与迁移人口社会保障[J].经济研究，2005（12）：45-56.

[102]王春超，李兆能，李颖.农村土地征用中的困境与对策——来自湖北农户调查的证据[J].湖北社会科学，2009（7）：70-73.

[103]王道勇.资源互济：征地补偿中的基层政权行为分析[J].社会主义研究，2009（1）：96-99.

[104]王昉，熊金武，韩玉.大城市郊区农户农地流转意愿及影响因素[J].上海财经大学学报，2010（5）：81-88.

[105]王晋伯.地价税要论[M].重庆：文信书局，1933.

[106]王炯，邓宗兵.中国农业全要素生产率的变动趋势及区域差异——基于1978—2008年曼奎斯特指数分析[J].生态经济，2012 (7)：129-133，144.

[107]王明辉，姚宗强.虹口区志[M].上海：上海社会科学院出版社，1999.

[108]王书明，刘元胜，郭沛.不同用途农村集体土地征收中的收益分配研究[J].农业经济问题，2012 (10)：57-62.

[109]王文博，陈昌兵，徐海燕.包含制度因素的中国经济增长模型及实证分析[J].当代经济科学，2002 (2)：33-37.

[110]王先强.中国地价税问题[M].上海：神州国光社，1931.

[111]王小映，贺明玉，高永.我国农地转用中的土地收益分配实证研究[J].管理世界，2006 (5)：62-68.

[112]魏静，郑小刚，葛京凤，杜长友.征地区片综合地价影响因素的相关分析[J].中国土地科学，2007，21 (4)：49-53，64.

[113]温家宝.要大幅提高农民在土地增值收益中的分配比例[EB/OL]. (2011-12-27) [2015-05-09]. http: //sn.people.com.cn/n/2011/1227/c190205-16635905-2.html.

[114]温乐平，程宁富.农民退休制度：失地农民养老保障的制度创新[J].江西社会科学，2009 (11)：217-220.

[115]温乐平.论失地农民养老保险的制度保障[J].南昌大学学报：人文社会科学版，2010 (4)：91-94.

[116]温铁军，朱守银.土地资本的增殖收益及其分配[J].中国土地，1996 (4)：24-27.

[117]文贯中，许迎春.市场制度和法治框架下的美国农地征收、征用经验[M]//中国社会科学院农村发展研究所宏观经济研究室.农村土地制度改革：国际比较研究.北京：社会科学文献出版社，2009：38-58.

[118]文贯中，刘愿.从退堂权的失而复得看"大跃进"饥荒的成因和教训[J].经济学（季刊），2010 (3)：1083-1118.

[119]文贯中，熊金武.化地不化人的城市化符合中国国情吗？

[J].城市规划，2012，30（4）：18-24.

[120]文贯中，熊金武.制度性障碍正使城市化蜕变为城市自我现代化[J].中国与世界观察，2011（1）：79-87.

[121]文贯中.土地制度必须允许农民有退出自由[J].社会观察，2008（11）：10-12.

[122]文贯中.吾民无地——城市化、土地制度与户籍制度的内在逻辑[M].北京：东方出版社，2014.

[123]吴群，李永乐.财政分权、地方政府竞争与土地财政[J].财贸经济，2010（7）：51-59.

[124]吴宇哲，彭毅，鲍海君.基于土地发展权分配的征地区片综合地价研究[J].浙江大学学报：人文社会科学版，2008，38（6）：23-30.

[125]习近平.了解涉农产权交易[EB/OL].（2013-07-22）[2015-05-09]. http://finance.sina.com.cn/china/20130722/ 131216201834.shtml.

[126]习近平.谈自贸区建设——大胆闯、大胆试、自主改[EB/OL].（2014-03-05）[2015-05-09]. http://news.ifeng.com/mainland/special/2014lianghui/content-3/detail_2014_03/05/34460559_0.shtml.

[127]习近平.中国农村市场化研究[D].北京：清华大学，2001.

[128]习仲勋.习仲勋文集[M].北京：中共党史出版社，2013.

[129]辛波，于淑俐.对土地财政与地方经济增长相关性的探讨[J].当代财经，2010（1）：43-47.

[130]忻平.从上海发现历史——现代化进程中的上海人及其社会生活（1927—1937）[M].修订版.上海：上海大学出版社，2009.

[131]熊彼特.经济分析史：第1卷[M].中译本.北京：商务印书馆，2005.

[132]熊金武，黄义衡，谢震.中国农地城市化的机制解析和市场

设计[J].中国农村研究，2013（2）：205-223.

[133]熊金武，黄义衡，徐庆.农地征收补偿标准的困境解析与机制设计[J].现代财经，2013（1）：3-10.

[134]熊金武，孙火军，王昉.市场机制设计研究发展评述[J].云南财经大学学报，2011（6）：22-28.

[135]熊金武，徐庆，高峰.近代上海公共租界土地管理制度变迁研究[J].贵州社会科学，2014（4）：88-94.

[136]熊金武.市场导向型城镇化道路中的强制性与退出权[J].中国农村研究，2015（1）：105-118.

[137]熊金武，黄义衡.失地农民养老困局与对策浅析[J].农村经济，2015（3）：85-89.

[138]熊金武，薛鹤翔.中国土地制度市场化改革再出发[J].经济导刊，2013（12）：88-94.

[139]熊金武."被城市化"的失地农民——基于退出权视角的分析［J］.当代中国研究，2013（2）：179-196.

[140]熊金武.钉子户的类型及其形成机制之经济学分析[J].现代财经，2011（7）：94-100.

[141]徐公肃，丘瑾璋."上海公共租界制度"[M]//蒯世勋.上海公共租界史稿.上海：上海人民出版社，1980.

[142]徐美，刘春腊.中国城乡统筹绩效评估与城乡统筹趋势的相关性分析[J].自然资源学报，2012（5）：734-746.

[143]许坚.论我国两种性质的征地补偿标准[J].中国土地科学，1996（S1）：66-69.

[144]杨圆圆.土地财政规模估算及影响因素研究［J］.财贸经济，2010（10）：69-76.

[145]应星.草根动员与农民群体利益的表达机制[J].社会学研究，2007（2）：1-23.

[146]于建嵘，陈志武.把地权还给农民[J].东南学术，2008（1）：12-18.

[147]袁铖.中国农村土地制度变迁[J].中南财经政法大学学

报，2006（5）：18-22，109.

[148]张海波，童星.被动城市化群体城市适应性与现代性获得中的自我认同[J].社会学研究，2006（2）：86-106.

[149]张合林.城市化进程中土地征用制度的经济学分析[J].上海经济研究，2006（3）：6-16.

[150]张红宇.中国农村土地制度变迁的政治经济学分析[D].重庆：西南农业大学，2001.

[151]张青，胡凯.中国土地财政的起因于改革[J].财贸经济，2009（9）：77-81.

[152]张士斌.衔接与协调——失地农民"土地换保障"模式的转换[J].浙江社会科学，2010（4）：61-67.

[153]张曙光，程炼.复杂产权论和有效产权论——中国地权变迁的一个分析框架[J].经济学（季刊），2012（4）：1219-1238.

[154]张银，李艳萍.农民人力资本、农民学习及其绩效实证分析[J].管理世界，2010（2）：1-9.

[155]张悦.基于意识形态的中国农村土地制度变迁（1949—2009）[D].沈阳：辽宁大学，2010.

[156]赵丽，付梅臣，朱永明，张长春.征地区片综合地价与基准地价的关联度研究[J].中国物价，2009（7）：38-40，19.

[157]郑秉文.中国养老金发展报告（2013）[M].北京：经济管理出版社，2013.

[158]中国发展研究基金会.中国发展报告2010[M].北京：中国统计出版社，2010.

[159]周彬，杜两省.土地财政与房地产价格上涨[J].财贸研究，2010（8）：109-116.

[160]周诚.农地转非自然增值公平分配论——兼评"涨价归私"论和"涨价归公"论[J].经济学动态，2006（11）：47-51.

[161]周端明.技术进步、生产效率与中国农业生产率增长[J].数量经济技术经济研究，2009（12）：70-82.

[162]周飞舟.分税制十年：制度及其影响[J].中国社会科

学，2006（6）：100-115.

[163]周海珍.浙江省失地农民的养老保障问题的调查研究[J].
浙江金融，2006（1）：47-48.

[164]周其仁.城乡中国：上册[M].北京：中信出版社，2013.

[165]周其仁.农地产权与征地制度——中国城市化面临的重大选
择[J].经济学（季刊），2004（1）：193-210.

[166]周其仁.中国农村改革——国家和所有权关系的变化：下
[J].管理世界，1995（4）：147-155.

[167]周祖文.中国农村土地制度变迁——一个农业剩余的视角
[M].杭州：浙江大学出版社，2012.

[168]诸培新，曲福田.农地非农化配置中的土地收益分配研究
[J].南京农业大学学报：社会科学版，2006（3）：1-6.

[169]邹依仁.旧上海人口变迁研究[M].上海：上海人民出版
社，1980.

[170] WEN G J. The current land tenure system
and its impact on long term performance of farming
sector: the case of modern China [D]. Chicago: The
University of Chicago, 1989.

[171]华生.老三农问题的终结与新三农问题的挑战 [N]. 经济
观察报，2011-08-15.

[172]熊金武，王昉. "涨价归公" 正义——对今日中国土地征
收制度和房产税制度的反思[J]. 河北经贸大学学报，2011（6）：26-
30.

索引

后记

　　作为农民的孩子，自己一直怀有对土地和农民的情感，因着各种机缘，从事了城市化和"三农"问题的学术研究工作。自己的研究正好是所关心和关注的人，可谓人生乐事。30多年来中国城市化下农村和土地制度的变革就发生在我的身边：当看到城市化预期下城市房价高涨的时候，建议亲友进城买房，不要错过凭借他们打工收入进城买房的最后一次机会；当看到生产队村民"众志成城"为了一口计划经济时期修建的水塘长期打官司的时候，产权的重要性深刻记在脑海；当看见村民将土地出租或出售却得不到补偿的时候，失地农民的困境顿上心头；当听到早年入城的亲友想回乡养老却不可得的时候，城乡双向要素流动自然成为需要。诸如此类案例还很多。这些人生的体验和情感或许是从事这项研究的重要支点。

　　经济学研究不是最大最小原则，也不是模型和数理，而是研究人——真真切切的人的行为及其机制。城市化下围绕土地的经济行为及其机制就是我最关心的。同时，我也意识到，规范的现代经济理论研究不足以解释和解决全部的现实经济问题。许多经济理论都还属于经验科学，需要得到实践检验，更需要从实践中获取养分。所以，经济史和经济思想史将有助于我们更全面地了解和认识社会经济现象。就土地制度改革而言，中国传统土地制度和思想可谓是得天独厚的宝库。历史不仅告诉我们经验，也可以破除现实世界中的各种迷惑，回归经济问题的本质。

对于当前的土地市场化改革，可谓是一种回归——回归到土地市场。土地市场在中国已经有数千年的历史，支撑了中国古代的繁荣和文明延续。1949年土地制度改革只是将土地产权予以平均分配，并不否定土地市场配置。人民公社化运动试图构建土地公有制的生产方式，才将土地配置偏离了中国历史发展的主流，却导致了长期的农业经济低迷和农民生活困难。家庭联产承包责任制事实上就是第一次回归，即再次确立了以家庭为单位的土地产权形式。随着土地租借、抵押乃至买卖等，土地市场化改革越来越深化。这个过程不仅有助于农业生产率的提高，也有助于农民的发展。但是，过去的改革依然不够。农民的土地经营权是不完整和不稳定的，土地增值收益再分配缺乏合理依据，土地资源配置依然是行政性的，"钉子户"、失地农民等更代表了过去土地制度给城市化带来的困境……中国土地制度呼唤深化改革，继续朝着市场化方向前进。

邓小平同志说"改革"也是一场革命。土地市场化改革要作就必须作好全面的准备。首先，明确方向。在方向大体明确的情况下，必须沿着市场化方向使劲，容不得犹豫与彷徨。每一分钟的彷徨，都是农民的苦难。其次，解放思想，实事求是。改革绝不是因循守旧，不是故步自封，不是扣帽子，而是彻底批评与自我批评，敢于打破自我，开诚布公，集思广益，根据实际情况寻求解决方案。做好一件新事情，必然是可能犯各种错误的。在试错中寻找方向，实验中积累经验，干中学！只要真心有利于民生，最终一定能够得到民众支持，取得成功。最后，策略与精神。改革绝不是一厢情愿，需要有勇有谋；否则，就会好心办坏事。中国古代的改革经验尤其是改革开放的历史经验，足以提供丰富的智慧。

土地市场化改革是一个系统工程，需要集中各种的资源加入这场变革。因为这场改革会让数亿农民过得更好一点，让中国社会更加和谐一点。土地市场化就是一种需要在改革中打造的经济新常态，也是中国梦的一部分。

个人才疏学浅，受制于有限的时间和精力，所以本书有很多需要进一步修改完善的地方。谨以此抛砖引玉，期待更多的朋友关注和参与这场改革。

（本书是教育部人文社会科学研究青年基金项目"近代中国城市化中土地权益思想研究"（13YJC790166）、中国博士后科学基金项目"信念、机制与权力：近代中国城镇化中地价税制度研究"（2013M540916）的阶段性成果，也是上海财经大学创新团队成果，得到了中国政法大学商学院资助出版）

熊金武
2015年6月

致谢

　　子曰：逝者如斯夫。转眼之间我已经从事城市化和土地制度研究八年了。作为农家子弟，我从小就切身体会了"三农"的诸多滋味，而"三农"却是自己魂牵梦绕之所在。在上海财经大学硕博连读期间，有幸得到文贯中、赵晓雷和王昉三位恩师的指导。我最初从经济思想史角度研究中国土地制度，进而选择孙中山"涨价归公"思想和近代中国地价税作为切入点，开始了对近代中国土地制度变迁的研究。2007年我有幸师从文贯中教授。文贯中教授是著名的土地问题研究专家，不仅在生活上无微不至地关怀学生，平易近人，还在学术上耐心点拨，使我如沐春风，完全被领进了中国城市化和土地制度研究的学术领域。导师赵晓雷教授对我非常支持，给予博士论文以关键性指导。2012年博士毕业之后，我到清华大学从事理论经济学博士后研究，师从陈志武教授，协助筹办量化历史讲习班，推动中国经济史学的范式变革。陈志武教授是著名经济学家，对我分外关心，悉心教诲。清华大学经济学研究所云集了龙登高教授、蔡继明教授等土地制度专家。在诸多学者的关怀和指导下，我继续深化土地制度史和城市化问题研究，这些研究内容构成本书的核心。

　　本著作集合了我近年来关于城市化和土地制度的研究成果，算是对近年土地制度和城市化系列研究的一个总结。部分研究成果是在文贯中、王昉两位老师的指导下以及与黄义衡、徐庆、谢震、薛鹤翔等诸位博士合作完成的，在此一并感谢。

在此感谢引领我走上学术道路的陈志武、文贯中、赵晓雷、王昉等诸位先生。感谢在清华大学作博士后研究期间关心、包容与支持我的朋友，尤其是彭波、覃邑龙、史会斌、王忠、陈永伟、梁刚等博士以及邱永志、曹焱、孙俪、邱健熙等朋友。同时，感谢中国政法大学商学院李晓教授、陈明生教授、巫云仙教授、岳清唐副教授等对我的指导、关照和鼓励。

同时，本书的出版离不开东北财经大学出版社的支持，特此感谢蔡丽编辑认真细致的工作。

最后，我要感谢家人亲友。父亲和母亲年逾七旬，却依然不愿将生活的压力交给我，希望我做好学习、研究和工作。我还要感谢大姐及其家人和二姐及其家人，他们一直鼓励和支持着我，照顾父母。还有很多需要感谢的亲友，在此虽不能一一列明，但对他们的善意和帮助却是永铭于心！

在此谨以此书献给父母和逝去的外婆。

他们是中国农民，也是我遨游学海的灯塔！